La magie du subconscient

Sciences de l'âme

La magie du subconscient

Expliquée aux gens curieux et qui ont raison de l'être

Bernard Simon Nagy

La magie du subconscient

ISBN: 2-920083-08-2

Copyright Les Éditions du Roseau

Dépôt légal: Bibliothèque Nationale du Québec
Bibliothèque Nationale du Canada
2e trimestre 1985

Édition originale: Tout est possible à votre subconscient
Éd. A. Gingras 1982

Distributeur: Diffusion Raffin
7870, rue Fleuricourt
St-Léonard (Québec)
H1R 2L3

Photo arrière: Richard Gauthier

Du même auteur: Le paranormal, c'est quoi?

PRÉFACE

EN GUISE DE PRÉFACE...

LETTRE AUX GENS CURIEUX, ET QUI ONT RAISON DE L'ÊTRE.

Je connais Bernard Simon Nagy depuis presque vingt ans. Et depuis ce temps-là, nous n'avons jamais cessé de parler de la grandeur et de la misère de l'homme. Nous ne sommes, ni l'un, ni l'autre, Pascal ou Mr. De Sacy, mais le bonheur au sens le plus simple, le plus élémentaire du mot, nous a toujours préoccupés: bonheur de ceux que nous aimons, bonheur de ceux que nous connaissons, de ceux que nous ne connaissons pas, et parfois même notre propre bonheur.

Car enfin dans cette vie difficile, complexe, dans laquelle on peut mal faire la différence entre le nécessaire et le superflu, l'essentiel et le futile, le réel et l'apparent, la tendresse et l'hypocrisie, l'intérêt et l'amitié, quel besoin avons-nous sinon celui de «nous sentir bien» de nous «porter bien»? N'est-ce pas là le sens de «bonheur» le plus vivable quotidiennement, et dont nous avons le plus grand manque? Se «sentir bien», se «porter bien» c'est être heureux en soi et refléter cet état de bien-être.

Ainsi ce bonheur de l'être humain est-il pour nous toute la possibilité de grandeur et de misère de l'homme: Grandeur de l'homme parce qu'il est capable de tout, y compris de ce bonheur; misère de l'homme, car il voudrait tendre vers cet état de bonheur et que, souvent, il n'y arrive pas, et que s'ensuivent tristesse, déceptions, désespoir, angoisse, stress et bien d'autres maux contre lesquels la médecine ne peut rien, car tout se passe ailleurs que dans les organes atteints.

Le psychanalyste que je suis et qui a eu la chance de naître bien après la mort du Dr. Freud, et donc de posséder les informations scientifiques et techniques qui n'existaient pas en 1920, n'est pas un adepte de l'occultisme, des boules de cristal, des tarots ou des tables tournantes, qui ont peut-être leur mot à dire dans l'histoire de la vie et du mental de l'être humain. Je n'ai jamais, non plus, accordé d'importance particulière à l'astrologie, persuadé que je suis, que l'être humain détient en lui toutes les possibilités que la vie met à sa disposition... En a-t-il conscience, peut-il diriger son existence, fort du fait que tout dépend de lui?

Croit-il en ce qu'il désire, et enfin, cette femme, cet homme, ont-ils les moyens de faire en sorte que leur vie soit conforme à ce qu'ils veulent en faire?...

— Oui, ils les ont, affirme Bernard Simon Nagy, et il ne se contente pas de cette affirmation, il donne des moyens, des systèmes, des méthodes: cela c'est une démarche purement scientifique.

Il ne s'agit pas de philosopher ou de disserter dans le «jargon» ou le «pathos» des écoles ou des castes: ce que Bernard Simon Nagy amène aujourd'hui à chacun de nous c'est une manière de se servir d'un outil universel, pouvant venir à bout de tout ce dont l'homme est capable.

À cette manière, à ce système, à ces moyens, Bernard Simon Nagy y a consacré, je le crois, sa vie; car chercher à comprendre ce que l'on perçoit, ce que l'on ressent, et après l'avoir compris, faire en sorte de le mettre en clair pour les autres, afin que l'être humain puisse avancer dans sa quête de bonheur, cela prend des fois plus qu'une vie.

C'est dans la vie de chaque jour, passé et présent, dans les souvenirs et les événements de l'enfance aussi bien que dans ceux d'aujourd'hui, qu'il faut savoir lire, déceler, interpréter, traduire et définir, l'extraordinaire puissance, les formidables moyens, les étonnants pouvoirs, qui sont en nous...

Sachons les reconnaître, les maîtriser, les utiliser à notre profit mais aussi au profit de ce genre humain si décrié et apparemment si indifférent et parfois si dur, si cruel et si méchant envers tout ce qu'il ne comprend pas, envers tout ce qu'il ne connaît pas... Faisons en sorte de faire naître la lumière dans les coeurs et dans les âmes des hommes, alors tout sera plus facile, plus calme, plus serein, et vous vivrez en paix...

C'est là, je crois, le message de mon ami Bernard Simon Nagy. Vous touchera-t-il, serez-vous plus réceptif à ce genre d'amour scientifique qu'à un message «occulte» ou «divin», je vous le souhaite, car depuis des millénaires que l'humanité se préoccupe d'occulte et de divin, les hommes ne sont pas devenus meilleurs ni plus heureux. Pourquoi? — Parce qu'ils ne savaient pas comment faire.

Aujourd'hui, Bernard Simon Nagy, vous dit comment faire. Écoutez-le,

Portez-vous Bien.

Claude B. Tedguy

Recteur de l'Institut International
de Psychanalyse Supérieure
Chargé de Cours à l'Université du Québec
à Montréal

INTRODUCTION

La première question que vous pouvez bien vous poser est celle-ci: «Avec tous les livres au sujet du subconscient sur le marché, pourquoi en écrire un autre?». La réponse est très simple. La plupart des autres livres sont, sans doute, très intéressants, mais arrivé à la dernière page, le lecteur ressent un vide. Il aimerait que ce qu'il a lu soit vrai et vérifiable. Et il recherche alors un autre livre qui lui offrira des techniques faciles lui procurant des résultats.

Les techniques, les méthodes, les formules contenues dans ce document **donnent des résultats.**

Déjà, alors que j'avais quatorze ans, l'école que je fréquentais avait entrepris une expérience psychologique sur une classe pilote. C'était très simple. Entre chaque cours de quarante-cinq minutes, les élèves étaient invités, tous ensemble, à se coucher sur des matelas. Immobiles pendant vingt minutes, ils devaient se relaxer dans un silence total. À la fin de l'année scolaire, les résultats étaient impressionnants: aucun échec aux examens de fin d'année, et la moyenne de la classe était supérieure à celle de toute la région.

Je continue, depuis, à m'intéresser intensément au sujet des pouvoirs inconnus du subconscient. Les constatations faites au travers de multiples entraînements et expériences ont tendance à faire de moi un être isolé et triste. Chaque jour, je reçois la visite de personnes malheureuses, malades, ayant subi de grandes déceptions dans la vie.

J'admets difficilement que toutes ces souffrances, tous ces malheurs soient permis en laissant subsister l'ignorance au sujet des facultés extraordinaires du subconscient. Ces facultés sont très ordinaires, puisque chacun, sans exception, les possède et peut s'en servir. C'est aussi simple que d'apprendre à marcher, à parler, à se servir d'une cuillère de la main droite, etc... Je les appelle extraordinaires, parce qu'ordinairement, presque personne ne s'en sert.

Durant les dernières décennies, le domaine de la psychologie passe au travers de nombreux changements. Il atteint même un certain paroxisme au cours des années soixante. On y mêle la métaphysique et l'occultisme. Tout le monde, alors, parle de psychologie et dévore chaque livre, ou magazine, qui paraît. Tellement de livres sont imprimés que les dévoreurs attrapent des maux d'estomac. Ils commencent à devenir sélectifs dans le choix de leurs lectures. Nombreux sont ceux qui, apprenant des phénomènes comme, par exemple, la **guérison psychique,** se disent: «Mais, c'est merveilleux!», et ils s'intéressent à autre chose.

Pourtant, quelques autres, particulièrement motivés, recherchent en vain des méthodes, des formules pour pouvoir appliquer ces connaissances dans la réalité de leur vie quotidienne. Alors, quelques livres, contenant des méthodes pratiques, apparaissent et sont rapidement avalés. Il y a également quelques «maîtres», quelques professeurs libres qui viennent tenir des conférences et des périodes d'entraînement. Mais ils disparaissent trop rapidement. Le problème est que la plupart de ces manuels pratiques et de ces «maîtres» font trop souvent référence à des choses spirituelles, laissant planer une confusion sur leurs méthodes pratiques. Le lecteur qui recherche véritablement une réponse, un repère, voit son intérêt s'évanouir. La majorité de ces lecteurs, inquiets et curieux des mystères de la psychologie, de la psychanalyse, voit surgir une vague de livres occultes, parlant d'exorcisme, de Triangle des Bermudes, d'Extra-terrestres, de diables et de fantômes. Ainsi, aujourd'hui, il existe encore beaucoup de personnes intéressées au domaine du subconscient. Mais, elles se tournent intentionnellement vers d'autres sujets d'intérêt. Si bien que la curiosité envers les mystères du subconscient, la psychologie, la psychanalyse n'est plus du tout à la mode. Elle est plutôt considérée «vieux-jeu».

* * *

Durant ma jeunesse (je ne dis pas quand), les connaissances au sujet du subconscient sont enveloppées de mystère. On parle des sorcières et de leurs pouvoirs magiques. Il est aussi question de fantômes. Les gitans qui passent de temps en temps, étant reconnus pour avoir certains pouvoirs, jettent des sortilèges et autres superstitions.

Je me laisse vraiment accaparer par ce sujet du subconscient alors que j'ai environ dix ans. Durant la période scolaire, avec mon frère aîné, nous sommes en pension dans une ville voisine. C'est-à-dire que durant le jour nous allons étudier. À midi, nous mangeons au réfectoire de l'école. Et, le soir, nous revenons, après la classe, chez une femme qui s'occupe de nous. Nous avons notre lit séparément. La nourriture est délicieuse. La femme est très douce. Elle s'assure quand même, avec une sévérité qui ne lui va pas du tout, que nos devoirs soient bien faits et que nos leçons soient apprises par coeur. Un jour, au mois d'octobre, il fait très beau. Nous revenons de l'école. Il est donc quatre ou cinq heures du soir. Mon frère est avec moi. En arrivant devant la porte du jardin, elle est fermée. Devant la maison il y a un jardin entouré d'un mur d'environ six pieds (2 mètres) de hauteur. La seule entrée est cette grande porte en tôle et fer forgé. Elle est accrochée à deux colonnes en pierres de taille plus hautes que les murs de chaque côté. Sur la colonne de droite il y a une chaîne terminée, tout là-haut, par une cloche. La porte étant fermée à clé, impossible à ouvrir, mon frère me suggère de tirer sur la chaîne pour faire sonner la cloche. Je tire sur la chaîne, la cloche sonne: aucune réponse, personne ne vient. Au début, je suis gêné de faire sonner la cloche en attirant l'attention de tout le quartier. Mais, le son de la cloche m'enivrant, je sonne de plus belle, mais toujours en vain. Nous sommes tout à coup inquiets. D'habitude, la femme est toujours là, lorsque nous arrivons. Il faut dire, aussi, que nous sommes sous la menace d'être renvoyés chez nos parents si nos devoirs d'école ne sont pas terminés à l'heure du souper. Il devient donc impérieux de trouver le moyen d'entrer, le plus tôt possible, pour faire nos devoirs. Il est inutile de penser à s'installer sur le trottoir.

Dans sa grande sagesse, mon frère aîné suggère que le seul moyen est de passer par-dessus le mur. Il est mon aîné, mais je suis plus grand que lui; c'est donc moi qui doit m'installer contre le mur et lui faire la courte-échelle. C'est-à-dire que je m'appuie le dos contre le mur, je joins les mains devant mon ventre, les paumes vers le haut et les doigts entrelacés. Mon frère lève une jambe et, comme pour placer un pied dans un étrier, il place son pied dans mes mains. Les bras allongés, des deux mains il saisit ma tête. Je raidis le cou. Et, en tirant, il se soulève, avec tout son poids sur le pied qui est dans mes mains. Aussitôt, en s'appuyant les mains à plat sur le mur, il se met debout les deux pieds sur mes épaules. Maintenant, sa tête dépasse la colonne. Il ne lui reste plus qu'à s'agripper à la grosse pierre, pour se hisser dessus.

Les colonnes sont faites de pierres de taille assemblées les unes sur les autres, chacune ayant la forme d'un cube d'environ deux pieds de côté (50 à 60 cm). Elles sont

La magie du subconscient

tellement vieilles que le crépi qui les tient ensemble s'effrite maintenant. Elles se tiennent debout, les unes sur les autres, grâce à leur poids qui est quand même impressionnant: deux hommes auraient de la difficulté à lever une seule de ces pierres. Mais ces détails, nous ne les connaissons pas, ou alors, nous n'y pensons pas.

Alors, je suis là, debout, le dos contre le mur, les jambes raides et écartées, et les chaussures de mon frère commencent à meurtrir mes épaules osseuses. En s'agrippant à la grosse pierre cubique, pour se hisser dessus, au lieu de se sentir monter, c'est la pierre qui glisse vers lui. Il tombe à la renverse, et la pierre le suit.

Après un choc sur la tête, je me sens un peu étourdi et aveuglé. Toujours debout, le dos contre le mur, j'ai un peu mal au pouce. J'ouvre les yeux. Il y a cette grosse pierre devant mes pieds. Mon frère, de l'autre côté, étendu sur le dos, se hisse sur les coudes et me regarde d'un air effaré. Il se relève, s'approche, et me demande si j'ai mal quelque part. Je regarde mon pouce qui est éraflé et dont je ressens la brûlure plus intensément. Maintenant, c'est le dessus de mon nez qui me préoccupe. Le genou aussi, commence à me faire mal. Et j'ai l'impression de l'avoir échappé belle. Je crois, maintenant, que la pierre, en tombant, m'a seulement éraflé le nez, le pouce et le genou.

Mais mon frère est très pâle, et il commence à m'inquiéter. En réalité, ce n'est pas aux douleurs de sa chute qu'il pense. Il me demande si j'ai mal à la tête. En y pensant bien: non, je n'ai pas mal à la tête. Il me montre alors mon épaule. Mon vêtement est couvert de sang, littéralement, comme si l'on avait versé un seau de peinture rouge foncé dessus. Mon frère prend son mouchoir, le roule en tapon, et me l'applique sur la tête. Non, vraiment, je n'ai pas mal à la tête. Mon frère me fait enlever mon veston pour ne pas faire peur aux passants. Il me dirige, maintenant, chez le maréchal-ferrant, le forgeron. Il est absent. Mais sa femme, d'abord surprise, se ressaisit et me lave la tête et mes éraflures avec de l'alcool. Le reste, je ne m'en souviens plus.

Je me réveille dans la chambre où nous avons pension. Toute ma tête est enveloppée. Mes yeux aussi sont bandés. Je suis dans le noir. Petit à petit, j'entends murmurer. Quelque part, dans la cuisine sans doute, on chuchote. Et je commence à comprendre! C'est le docteur qui fait ses recommandations à la femme qui nous héberge. Il faut garder les rideaux fermés pour maintenir l'obscurité dans ma chambre, et éviter, à tout prix, de faire du bruit. Oui, je peux manger, mais seulement du bouillon, à la cuillère et très lentement. On ne sait pas ce qui peut arriver quand quelqu'un reçoit une si grosse pierre sur la tête. On peut s'attendre au pire, mais il est trop tôt pour savoir. De toute façon, je dois rester totalement immobile. Je suis obligé de rester ici encore quelques semaines. Je ne suis pas transportable. Le voyage pourrait être fatal.

Comment puis-je savoir que c'est le docteur puisque je ne le connais pas. C'est peut-être à la façon dont il fait ses recommandations. Non: elle l'a appelé «Docteur». Et je les vois tous les deux, debout dans la cuisine, près de la porte. Ils se parlent à voix basse et d'un air entendu et, de temps en temps, ils montrent du doigt et de la tête la chambre où je suis étendu. Comment? Je suis étendu ici, dans la chambre, les yeux bandés, dans le noir, et je les vois dans la cuisine! Bien sûr que je les vois. Je pensais qu'il faisait beau dehors, et pourtant, au travers des vitres de la cuisine, je vois qu'il pleut.

Cette expérience devrait me surprendre. Mais, quelques années auparavant, deux ou trois ans, en plein été, un bel après-midi de juillet, très chaud, je suis couché dans ma chambre, à l'étage supérieur.

Je suis étendu à plat ventre, un peu sur le côté droit, le bras droit le long du corps, sur le côté, et le bras gauche sous l'oreiller. Je ne dors pas vraiment, je somnole. La chaleur est étouffante. Seule l'immobilité est supportable. Tout à coup, je suis effrayé. Dans le coin du mur, tout là-haut, près du plafond, une grosse araignée me fixe du regard. Ce n'est pas une véritable araignée. Celle-ci est énorme et toute noire, beaucoup plus grosse qu'un chat. Elle est là, suspendue dans les airs: elle me fixe. Elle n'avance pas, mais le bout de ses pattes gigottent fébrilement comme si elle avait hâte de bondir sur moi. Je suis paralysé de peur. Il m'est impossible de l'éviter ou de fuir.

Un petit rire enfantin ricoche dans le jardin. Je suis sous les lilas. Mon petit frère et ma petite soeur, qui ne vont pas encore à l'école, se chamaillent toute la journée. Je les suis, entre les rosiers et les iris, vers les rangs de tomates, et du haut de l'abricotier j'aperçois maman qui les appelle pour qu'ils fassent moins de bruit. Au travers des feuilles et des abricots, de l'autre côté du mur, je peux voir les tombes dans le cimetière. Sous les pas du cortège funèbre, les graviers crissent comme si j'avais l'oreille collée dessus. Je suis maintenant à plat ventre sur une tombe de marbre. Une fourmi trotte devant mon nez. Le bourdonnement d'une abeille s'approche.

J'ouvre les yeux: je suis dans ma chambre. Étendu dans mon lit, sous les couvertures, et la grosse araignée a disparu. Mon corps est tout mouillé de transpiration, la tête collée dans l'oreiller.

Je referme les yeux et la grosse araignée noire réapparaît, tout là-haut dans le coin du mur. Elle m'effraie moins, mais je ressens quand même un malaise.

J'ouvre les yeux. Je me retourne et je me lève. Je vais me passer de l'eau sur le visage.

Après cette aventure avec la grosse araignée noire et cette énorme pierre qui m'est tombée sur la tête, j'ai quand même continué à vivre. Au cours des années, j'entends toutes sortes de sornettes. Je dévore des livres et des livres, cherchant désespérément quelqu'un, quelque part, dans une lecture ou ailleurs, quelqu'un qui décrirait des expériences comme celles qui me sont arrivées.

À cette époque, aucun livre n'est disponible sur le sujet. Et même aujourd'hui, la triste et lamentable attitude de la logique cartésienne et cérébrale laisse planer un nuage de confusion étouffant sur les recherches expérimentales au sujet des pouvoirs du subconscient. Très tôt, je m'intéresse à des cours d'ésotérisme hebdomadaires, par correspondance. Je m'applique de tout mon coeur dans les travaux qu'ils proposent. Un jour, alors que je dois leur écrire les résultats de mon travail, je leur fais part de mes expériences de télépathie et en-dehors de mon corps. Je m'attends enfin à trouver quelqu'un qui comprend et qui peut m'aider à aller plus loin. La réponse impersonnelle et désintéressée que je reçois me déçoit profondément: je retombe dans ma solitude après avoir vécu la grande illusion. Je m'attendais à une autre sorte de réponse.

Dans ce document, vous pourrez apprendre ce que sont les facultés de votre subconscient, et comment vous en servir. Et vous comprendrez aussi ce que vous ferez et comment vous le ferez.

En grandissant, j'ai continué à rechercher et à étudier les phénomènes étranges et les coïncidences bizarres. Un jour, alors que je ne m'y attends pas, j'ai une sorte de réponse. Un homme se présente chez moi. Il me dit: «Mon nom est P., je dois vous parler.» Je le fais asseoir, et il parle.

Cher lecteur, peut-être avez-vous déjà lu ce livre sur les «Découvertes Psychiques derrière le Rideau de Fer».

Il est écrit par deux étudiants américains ayant fait, là-bas, une enquête au sujet des recherches sur les phénomènes du subconscient. Il y est question d'un vieux Polonais aux cheveux blancs, appelé Messing qui, à la fin de la deuxième guerre mondiale, est arrêté par des soldats de Staline. Il est accusé de pratiquer la «médiumnité». Cette activité est sévèrement punie. Seul, le médium qui peut prouver l'existence de ses facultés, pourra échapper à la sentence. Messing échappe à la sentence. Et jour après jour, il démontre à Staline lui-même, les facultés subconscientes qu'il peut contrôler. Qu'il s'agisse de la télépathie, de l'influence à distance ou de la domination mentale. Staline décide d'utiliser ses services en l'employant, dans les ambassades, à lire les pensées des personnages importants qui sont de passage.

Mais, avant d'être arrêté par Staline, avant la deuxième guerre mondiale, ce vieux Messing, dans sa Pologne natale, entraîne des élèves, des disciples. L'un d'entre eux s'appelle P.

Monsieur P. est polonais. Il réussit à fuir la Pologne et il s'installe au Canada. Ses premières semaines de séjour sont bien difficiles. En tant qu'émigrant polonais, il peut, naturellement, être soupçonné d'être un agent de renseignements au service d'une puissance étrangère. Après de nombreux interrogatoires, avec et sans penthotal, il est enfin considéré comme immigrant reçu. Il peut s'établir dans son pays d'adoption. Celui qu'il a choisi.

Et monsieur P. est assis devant moi. Il me propose de me montrer ce qu'il a appris avec son maître: Messing.

C'est ainsi que commence pour moi une aventure fantastique. Tout ce que j'ai appris avant, toutes les expériences bizarres que je tente à tâton, ne sachant pas toujours exactement comment procéder, toutes ces choses s'éclairent maintenant sous un nouveau jour. Le subconscient et ses possibilités deviennent de plus en plus clairs, de plus en plus simples.

* * *

Toutes ces choses, que j'ai apprises, je vous les offre ici, dans ce document, pour que vous puissiez en profiter. Vous pourrez prendre conscience de l'énergie qui anime l'univers tout entier, jusqu'au fond de vous-même. Vous pourrez comprendre comment se forme la maladie, l'obésité ou l'arthrite, et savoir comment les contrôler. Vous apprendrez à vous concentrer pour améliorer votre mémoire et vous souvenir de tout ce que vous voulez. Vous pourrez, très rapidement, devenir un expert dans le sport ou le métier de votre choix. Par la domination mentale, vous pourrez persuader tous ceux que vous voudrez. Vous pourrez même entrer en rapport avec des personnes éloignées, grâce à l'influence à distance. Vous pourrez même conditionner votre comportement afin d'obtenir n'importe quel objet matériel dont vous avez besoin et que vous désirez.

Les techniques offertes dans ce document ont été enseignées dans de nombreux pays, autant en Amérique qu'en Europe. Ce qui surprend le plus, c'est que n'importe qui utilisant les formules telles qu'elles sont proposées obtient des résultats, inévitablement, à chaque fois.

Je sais que ces techniques donnent des résultats satisfaisants.

Vous pouvez bien me dire: «À quoi cela sert-il de s'occuper du subconscient? Pourquoi se mêler de ces choses bizarres? À quoi cela sert-il de se rassembler, avec une bande d'individus étranges, pour observer l'«aura», communiquer télépathiquement? Pourquoi se soucier de facultés «cachées»?».

Pourquoi? Je vais essayer de vous répondre.

Pourquoi lire des livres neufs, alors qu'on pourrait bien attendre que les autres aient fini de les lire? Pourquoi sortir pour aller au cinéma ou au spectacle quand on peut très bien rester chez soi devant la télévision? Pourquoi manger du saumon fumé ou un bon «Rib Steak» alors qu'on se remplit aussi bien le ventre avec des «Hot-dogs»? Pourquoi prendre des photos en couleur quand l'image est aussi claire en blanc et noir.

Comprenez-vous ce que je veux dire? Vous pouvez aussi bien continuer, au jour le jour, la même vieille routine, grise et parfois sale et ennuyeuse. Pourquoi pas? Des milliers de vos semblables font exactement cela. Bien sûr, vous pouvez conserver, jusqu'au dernier jour, ce même emploi qui vous déplaît totalement. Vous pouvez rester dans ce même appartement qui ne correspond pas du tout à vos besoins et à votre goût. Vous pouvez continuer à passer vos heures de loisirs avec les mêmes amis ennuyeux qui répètent toujours la même chose. Pourquoi pas? Vingt-quatre heures d'ennui et d'insatisfaction, c'est la même chose que vingt-quatre heures d'efficacité, d'excitation, de réalisation, de contentement. Pourquoi faire quelque chose qui vous permettrait de mieux profiter de la vie? Pourquoi vous donner la peine de vous améliorer? Pourquoi développer vos facultés à un niveau où vous serez non seulement admiré et respecté de vos amis et relations, mais aussi par vous-même?

Vous êtes vous-même. Vous êtes unique. Personne d'autre n'est exactement comme vous. Bien sûr, ils ont dix orteils, un nez et deux oreilles. Mais ils n'ont pas, en ce moment, ce qui se passe dans votre tête. Vous avez vos rêves, vos projets, vos espoirs et vos propres talents. Vous les avez sous une forme qui est unique. Vous êtes unique. Vous êtes fascinant, captivant. Vous êtes **exceptionnel.**

Les techniques que vous trouverez dans ce document vous rendront capable de développer vos propres facultés.

Elles vous permettront de vivre, jour après jour, une existence plus pleine, plus comblée. Elles vous permettront même d'obtenir les choses matérielles que vous désirez.

J'ai essayé d'inclure, dans ce document, toutes les techniques que j'ai apprises sur le sujet depuis plus de quarante ans. Je vous implore de lire attentivement chaque détail. Vous pourrez les exécuter en toute simplicité, avec facilité, et obtenir, enfin, tous les résultats que vous en attendez.

Permettez-moi, maintenant, de vous décrire dans quel esprit vous pouvez aborder votre entraînement. Il est décomposé en plusieurs étapes. Disons que votre conditionnement au complet est composé de plusieurs exercices, différents et progressifs, tout comme une automobile est composée de différents morceaux.

Pour que l'automobile fonctionne bien, il suffit que chaque morceau soit exécuté avec précision selon le plan prévu. Lorsque tous ces morceaux sont assemblés, d'une façon appropriée, vous obtenez une automobile. Il vous suffit alors de décider où vous voulez aller. Vous vous asseyez au volant de la voiture. Vous actionnez le démarreur. Vous enclanchez la transmission des vitesses. Vous appuyez sur la pédale à essence, et vous vous dirigez jusqu'à votre but.

L'entraînement décrit dans ce document, lorsqu'il est exécuté à la lettre, peut conditionner votre corps comme une voiture qui vous amène à votre but. Donc, tout comme chaque morceau de l'automobile, chaque exercice du conditionnement au complet devra être exécuté et pratiqué, avec la même discipline et la même précision.

Cette dernière recommandation ne doit pas vous décourager. Bien au contraire: regardez autour de vous le nombre d'automobiles qui fonctionnent et amènent leur conducteur au but désiré. Et, Dieu sait qu'il existe des milliers d'autres appareils, plus perfectionnés et plus minutieux qui, quotidiennement, accomplissent leurs fonctions vers un but choisi.

Dites-vous, tout simplement, que chaque chose que vous possédez aujourd'hui, chaque circonstance qui vous entoure, vous a été procurée par un fonctionnement précis de votre subconscient. Les vêtements que vous portez, le logement que vous habitez, votre nourriture quotidienne, les êtres qui vous entourent, le genre de travail que vous accomplissez: toutes ces choses que vous avez vous parviennent comme résultats de votre comportement. Bien entendu, vous n'en étiez pas toujours conscient. Vous choisissez votre but consciemment, et l'accomplissement est réalisé par un comportement réflexe subconscient. Ce qui est contenu dans le présent document vous permet d'ajuster consciemment le comportement subconscient, afin que l'ensemble des réflexes amène la réalisation du but choisi.

Donc, il ne s'agit pas de fabriquer les différentes pièces détachées de l'automobile. Toutes les facultés que vous pouvez améliorer, **vous les possédez déjà.** Vous vous en servez continuellement, mais à votre insu, sans le savoir, sans vous en rendre compte.

Chaque exercice consiste, simplement, à prendre un par un chaque morceau de l'automobile, de le nettoyer et de l'ajuster, pour qu'il ait un meilleur rendement, et qu'il travaille en harmonie avec les autres morceaux.

> L'entraînement, au complet, consiste à prendre séparément chaque faculté et chaque fonction subconsciente, et de les perfectionner en les harmonisant avec les autres facultés et fonctions. Ainsi, comme par miracle (apparemment), vous parviendrez, enfin, à la réalisation de vos buts. Vous pourrez jouir d'un corps en santé, entouré de ceux que vous aimez. Vous mènerez une vie excitante, intéressante et comblée. Vous obtiendrez tous les avantages matériels que vous désirez et dont vous avez besoin.

PREMIÈRE PARTIE

L'ÉNERGIE

La sortie de l'Arche.

Et Dieu dit à Noé: «Voici le signe de l'alliance que Je mets entre Moi et vous. Lorsque J'assemblerai les nuées sur la terre, quand l'arc apparaîtra dans la nuée, Je le verrai et me souviendrai de l'alliance éternelle qu'il y a entre Dieu et vous. Tel est le signe de l'alliance que Je mets entre Moi et vous.»

CHAPITRE I

LA MINUTE DE VÉRITÉ

DÉFINITIONS:

PSYCHOLOGIE: Étude scientifique des faits psychiques.

PARAPSYCHOLOGIE: Étude des phénomènes psychologiques non encore connus scientifiquement.

PSYCHANALYSE: Méthode de traitements de maladies d'origine psychique par investigation psychologique.

PARAPSYCHANALYSE: Méthode de développement de fonctions psychiques par investigation et conditionnement psychologique.

Pour commencer la lecture de ce document, vous avez peut-être choisi un endroit où vous ne serez pas dérangé. Le siège est sans doute confortable. La lumière est suffisante pour vous permettre de lire sans trop vous fatiguer les yeux. Parfois, il y a des personnes qui croisent les jambes. Cette position est inconfortable. En entravant la circulation du sang dans les extrémités, vous provoquez une sorte d'engourdissement. Vous êtes, alors, obligé de décroiser les jambes. Malheureusement, à ce moment-là, il y en a beaucoup qui croisent l'autre jambe, et le processus recommence. Après quelques instants, il faut les décroiser de nouveau. Ce mouvement, répété, semble incompatible avec une bonne concentration. Il s'ensuit donc un affaiblissement de l'intérêt dans la lecture, qui pourtant, pourrait devenir enrichissante. La façon de tenir le livre dans les mains peut aussi, parfois, devenir fatigante. Il y a des personnes qui le posent sur la table, ou alors, sur un coussin qu'elles mettent sur les genoux. Pour garder le livre ouvert et tenir les pages ensemble de chaque côté, elles utilisent une pesée, ou bien des grosses pinces à papier, ou alors des élastiques qu'elles déplacent en tournant chaque page. Ces petits trucs leur permettent d'avoir les mains libres durant la lecture. Elles peuvent ainsi mieux se concentrer et obtenir beaucoup plus de ce que leur offre l'auteur.

Le cerveau et le système nerveux sont des instruments tellement délicats et sensibles que des vêtements propres et confortables, à eux seuls, permettent déjà une meilleure concentration. En enlevant les souliers, en relâchant la ceinture et tout ce qui pourrait serrer le corps, on obtient encore de meilleurs résultats. Un bain ou une douche enlève déjà les résidus de la fatigue de la journée ou du sommeil de la nuit. L'eau semble jouer un grand rôle sur l'harmonie de notre système nerveux. Et cela est très important. Notre système nerveux est le circuit bio-électronique le long duquel se déplace l'énergie conduisant les renseignements qui se promènent entre le cerveau et les différents points du corps.

Vous avez, peut-être, également remarqué qu'après un gros repas, votre capacité de concentration est réduite. Il semblerait que, temporairement, les circuits sont légèrement encrassés, et la coordination musculaire et cérébrale est moins satisfaisante. Il va sans dire que les boissons alcoolisées et le tabac influencent énormément la réduction des facultés mentales et la clarté des niveaux de conscience. Il faut aussi mentionner les remèdes et les médicaments recommandés par le médecin. Ils sont, sans doute, nécessaires au rétablissement de la santé, mais leur seule présence, dans le système, influence aussi la clarté des niveaux de conscience et, conséquemment, la précision des réflexes et du comportement.

Enfin, il y a les **états émotionnels.** Vous avez facilement constaté que des douleurs ou des plaisirs intenses entraînent des émotions qui accaparent une grande partie de votre attention. Quelques instants sont ensuite nécessaires pour les calmer, les apaiser, avant de pouvoir vous concentrer de nouveau sur une activité mentale.

Certains peuvent croire que je complique la situation afin de vous rendre presqu'impossible la réalisation de la concentration. Personnellement, vous vous rendez bien compte que je vous décris, avec le plus de détails possibles, quels sont les obstacles pouvant nuire à la concentration, lorsque vous pratiquez les exercices.

* * *

Alors, nous y sommes. Vous avez fait tout ce qui est nécessaire. Vous avez rempli toutes les conditions aidant la concentration pour vous permettre de tirer le plus d'avantages possibles de cette lecture. Puisque vous êtes en parfait état de concentration, je vous propose, immédiatement, un petit exercice. Vous allez voir, c'est très excitant:

Vous êtes sans doute assis confortablement, et vous vous appliquez à la lecture de ces lignes. Vous pensez, peut-être, que lorsque je pense à vous, j'ai à l'idée une personne humaine, avec deux bras et deux jambes, un nez et deux oreilles. C'est vrai que, selon les probabilités, vous répondez à cette description sommaire. Vous avez un corps, d'os et de viande, d'où dépassent les membres et la tête. Il est aussi fort possible que vous ayez un tas d'intestins dans le ventre. Actuellement, pendant que vous lisez, la respiration continue son travail dans votre poitrine. Quant à votre coeur, en retenant votre souffle quelques instants, vous pouvez en percevoir les battements.

Pour un moment, interrompez votre lecture. Pensez aux personnes que vous connaissez. La connaissance (c'est connu) vous parvient par vos sens. Vous possédez la vue, l'ouïe, l'odorat, le goût et le toucher. Le dernier sens, appelé **sensori-moteur,** vous permet d'apprécier la différence de poids entre deux objets. Lorsque vous soulevez un crayon après avoir posé un gros livre, vous pouvez vous rendre compte que le crayon (habituellement) est plus léger que le livre. Il existe donc un mécanisme de perception, un sens au niveau musculaire qui nous permet d'établir cette différence d'effort: le sensori-moteur.

L'ensemble total de vos connaissances sur la réalité qui vous entoure est donc, seulement et uniquement, une mémoire des informations reçues de ces six sens. Il ne s'agit pas, ici, de considérer vos déductions, c'est-à-dire ce que vous pensez de ce que vous avez perçu. Il s'agit de vos connaissances. Quand vous voyez quelque chose, il se peut que vous l'aimiez ou que vous ne l'aimiez pas: ceci est votre opinion, votre déduction qui est influencée par votre subconscient conditionné.

Donc, je ne parle pas de vos déductions ou de vos opinions, je parle de **vos connaissances formées par la mémoire** de vos perceptions visuelles, auditives, olfactives, gustatives, tactiles et musculaires (sensori-moteur).

Alors, pensez aux personnes que vous connaissez: père, mère, frères, soeurs, enfants, toute la parenté, les voisins, les amis, les compagnons de travail, etc... Mentalement, prenez-les un par un. Le premier est, peut-être, un homme, une femme ou un enfant. Pensez seulement à cette personne. Il vous parvient, alors, toutes sortes d'idées. Les unes sont des opinions ou des sentiments au sujet de ces personnes, et d'autres peuvent être des mémoires de ce que vous avez vu de cette personne, de ce que vous avez entendu, etc... Imaginez cette personne immobile. Évitez de la voir en train de faire quelque chose. Mentalement, regardez, écoutez, reniflez pour bien observer son odeur, son parfum. Souvenez-vous quand vous l'avez touchée, soit la main ou le visage. Imaginez que vous essayez de la soulever dans vos bras pour savoir si elle est lourde.

Très bien. Au cours de cette inspection, vous avez fait l'évaluation d'un corps composé de viande, comme un animal. Ce corps est enveloppé dans du linge découpé en vêtements différents. Vous observez aussi qu'il fait du bruit avec la bouche en faisant des gestes. Bien sûr, vous pouvez me dire que ce sont des mots, et non pas des bruits: ceci est votre déduction. Pourtant, s'il s'agissait d'une personne dont vous ne connaissez pas la langue, ce qu'elle vous raconterait vous parviendrait comme une suite de bruits modulés lui sortant de la bouche.

Donc, pour résumer, en utilisant uniquement la mémoire que vous avez de cette personne (visuelle, auditive, etc...), et en faisant abstraction de vos déductions et de vos opinions, vous êtes obligé d'admettre que, en vous fiant à vos perceptions sensorielles, cette personne est un tas de viande, avec du linge autour, qui gesticule en faisant du bruit avec la bouche. Bien sûr, vous et moi, nous savons que c'est autre chose. Mais, pour les besoins de notre petit exercice, poursuivons par étape.

Donc, vos yeux ont vu une forme humaine. Si vous n'êtes ni médecin, ni boucher, il vous est impossible d'avoir la mémoire visuelle des os, de la chair et des organes tels qu'ils se comportent à l'intérieur de la peau d'une personne vivante. Même l'existence du sang et de sa circulation est une notion apprise cérébralement, sans expérience visuelle totale. Il vous est seulement arrivé, possiblement, d'être témoin visuel d'une hémorragie externe lors d'un accident. Donc, vous ne possédez pas la mémoire visuelle de l'intérieur du corps de cette personne ainsi que d'une grande partie de sa surface. Vous avez vu, sans doute, le visage, les mains et les jambes. Quant au reste du corps, il était recouvert de vêtements.

Appliquez-vous à employer le même discernement pour la mémoire de vos autres perceptions sensorielles, au sujet de cette personne. Vous parviendrez, inévitablement à constater qu'en utilisant seulement la mémoire de la réalité que vous avez perçue (voir, entendre, etc...), l'ensemble de cette personne est un tas de viande à forme humaine, avec du linge autour, qui gesticule en faisant du bruit avec la bouche.

Cette notion vous répugne sans doute: moi aussi. Mais, il s'agit seulement, ici, de la mémoire de votre vue, de vos oreilles, de votre odorat, de votre goût, de votre toucher et de vos muscles. Puisque la mémoire des perceptions sensorielles de la réalité de cette personne est ainsi seulement matérielle, il est facile de supposer que tous les gens que vous connaissez, avec le reste de l'humanité, sont des tas de viande en formes humaines, avec du linge autour (le plus souvent), qui font du bruit avec la bouche en gesticulant.

Très bien. Maintenant, nous arrivons à la deuxième étape de notre expérience. D'après vous, cette personne que vous avez choisie, que voit-elle quand elle vous regarde? La même chose peut-être: un tas de viande, avec du linge autour, etc...

Pourtant, vous savez très bien que vous n'êtes pas seulement un tas de viande. Vous savez même que vous n'êtes pas du tout ce tas de viande. Vous existez, c'est vrai. Mais, ce corps dont vous vous servez n'est pas exactement ce que vous préférez. Peut-être auriez-vous mieux aimé un visage différent, avec une autre sorte de chevelure, des yeux d'une autre couleur. Peut-être auriez-vous apprécié des dents plus belles et plantées différemment. Votre poitrine et votre ventre ne sont peut-être pas ce que vous auriez choisi. L'habileté de vos doigts aurait pu être meilleure. Peut-être acceptez-vous mal d'avoir les jambes arquées comme un cow-boy. Comment pouvez-vous dire que vous êtes ce corps? Oui, vous en êtes peut-être le propriétaire, temporairement. Mais, si vous aviez eu le choix, avec ce que vous savez maintenant, peut-être auriez-vous choisi un corps différent, dont l'apparence et le comportement vous donneraient beaucoup plus de satisfactions.

Mais alors, si ce corps n'est pas vous, si ce n'est qu'un outil vivant dont vous vous servez, dites-moi: **«Qui êtes-vous?** si vous n'êtes pas ce corps, **où vous cachez-vous?».**

Pour commencer, vous pouvez dire que, pendant que vous lisez, vous êtes situé à quelques pouces derrière vos yeux. Peut-être êtes-vous au centre du crâne. Et, caché là, au travers de vos yeux qui vous servent de hublots, de jumelles, vous observez ce que vous lisez. Une à une, vous ajoutez les lettres pour faire des mots. Vous ajoutez les mots pour faire des phrases. Avec l'ensemble de ces phrases vous formez, en vous, des idées, des images, avec ce que vous connaissez déjà.

Lorsque quelqu'un vous parle, sans doute êtes-vous également caché au centre de votre crâne. Par les oreilles qui vous servent d'écouteurs, de chaque côté, vous recevez des bruits qui ressemblent à des sons que vous avez déjà entendus et auxquels vous accordez une signification. L'ensemble de ces bruits, qui vous parviennent, suscite en vous des idées. Les idées vous viennent d'une façon réflexe, sans choisir. Elles se forment automatiquement, subconsciemment. Vous en prenez conscience seulement, quand elles arrivent à la suite des mots.

Si, par exemple, je vous parle d'une belle tomate rouge, mûre, fraîche, juteuse et délicieuse: il vous vient spontanément à l'esprit l'idée, l'image d'une tomate que vous avez déjà vue: sa forme ronde et pleine, sa couleur rouge sans tache, le reflet de sa peau qui brille et, peut-être aussi, quand vous mordez dedans à pleines dents en faisant attention au jus qui pourrait jaillir sur vos vêtements. Vous devinez ce goût, doux et frais, qui désaltère et satisfait la bouche. Peut-être qu'avec quelques tomates de plus on pourrait faire un jus, un grand verre de jus de tomates. On peut aussi mettre un peu de sel. Parfois, il y en a qui prennent une tranche de citron. Il y en a même qui, après avoir coupé le citron en deux, préfèrent mordre dedans. Tout simplement, ils approchent le citron des lèvres. Ils l'entrent dans la bouche et ils mordent dans la pulpe en suçant le jus acide. Leurs lèvres s'étirent dans une grimace, pendant qu'à l'intérieur de la bouche, la salive jaillit pour se répandre et étancher l'acidité du citron.

En pensant à votre bouche, vous pouvez facilement observer ce que vous ressentez actuellement. La description des tomates et du citron a suscité en vous des impressions qui correspondent à la mémoire que vous avez de l'usage des tomates et du citron.

Mais si, au contraire, je vous parle d'une «tantaboque», il s'agit là d'un aliment tellement rare que personne n'en a jamais vu. Vous non plus. D'ailleurs, je viens d'inventer ce mot. Il s'agit d'une nourriture qui n'a aucune forme connue, aucune couleur connue, aucun goût connu de vous. Conséquemment, il vous est impossible de vous faire une idée d'une «tantaboque», tout simplement parce que vous ne possédez aucune mémoire, visuelle ou autre, de la «tantaboque». Vous savez seulement que c'est un mot que vous lisez pour la première fois. Il pourrait désigner aussi bien une danse primitive des requins de la Jamaïque que le nom de la fille d'un extra-terrestre venant de la planète Mars. La «tantaboque» n'éveille en vous aucune impression.

> Ainsi donc, les idées que vous vous faites proviennent uniquement de votre mémoire des expériences et des perceptions que vous avez déjà eues.

* * *

Exercices

1° En réalité, actuellement, vous êtes vraiment au centre de votre crâne, et ce que vous voyez ce sont des formes et des mouvements qui vous parviennent au travers des hublots que sont vos yeux. Ce que vous entendez, ce sont des bruits qui vous parviennent des écouteurs que sont vos oreilles. Pendant que vous regardez ou que vous écoutez, vous êtes donc au centre de votre crâne.

a) Maintenant, **pensez à vos pieds.** Bougez les orteils des deux pieds. Concentrez sur votre pied droit. Pensez au gros orteil du pied droit. Imaginez le gros orteil de votre pied droit. Immobile, imaginez la peau autour du gros orteil, l'ongle qui est dessus, le dessous et tout autour. Observez attentivement toutes les sensations qui peuvent exister autour du gros orteil droit, la peau qui est autour, à l'intérieur du gros orteil. Pensez uniquement au gros orteil du pied droit. À tout à l'heure!

b) Terminé? Maintenant, pensez au gros orteil du pied gauche. Revenez immédiatement au gros orteil du pied droit. Observez les sensations dans les deux gros orteils, l'un après l'autre. Au point où vous en êtes, il est possible que vous sentiez beaucoup plus le gros orteil droit. Sa présence est plus évidente que celle du gauche.

c) Maintenant, levez le pied gauche et, avec son talon, appuyez sur le gros orteil du pied droit. Appuyez fort. Évidemment, vous sentez encore plus votre gros orteil du pied droit.

Pendant que vous observez ainsi votre gros orteil du pied droit, vous réalisez sans doute que votre attention s'éloigne de votre lecture. Il vous semble difficile d'être attentif, en même temps, à votre gros orteil droit et à votre lecture.

Ainsi, vous observez que vous pouvez être tantôt dans votre crâne, en train de lire, et vous pouvez vous déplacer et descendre à l'intérieur du gros orteil pour observer les sensations qui pourraient exister là. Mais, quand vous êtes dans le gros orteil, vous n'êtes pas dans votre crâne en train de lire.

Donc, vous n'êtes pas immobile et inerte, mais vous pouvez vous déplacer. Non seulement, vous pouvez vous maintenir à l'intérieur du crâne, à l'affût des yeux, des oreilles et des autres sens, mais vous pouvez aussi vous promener, à l'intérieur de votre corps, jusque dans le bout des orteils, et même ailleurs, si vous y pensez assez longtemps.

2° Maintenant, **pensez à votre logement,** la cuisine. Le frigidaire dans la cuisine. La grandeur du frigidaire. La couleur du frigidaire. Pensez bien à ce frigidaire. Maintenant, mentalement, ouvrez le frigidaire. Regardez dans le frigidaire, chaque article, chaque morceau de nourriture. Dans le frigidaire, observez le beurre, le lait, les oeufs, la viande, les légumes, les fruits, sur chaque tablette. Regardez jusqu'au fond des tablettes.

Très bien. Revenez à votre lecture. Encore une fois, vous pouvez réaliser que vous avez dû interrompre, temporairement, votre lecture pour penser à votre frigidaire et son contenu.

Peut-être croyez-vous que les images qui vous sont venues en tête étaient seulement des mémoires de ce que vous avez vu auparavant, avant de venir vous asseoir pour lire. C'est bien possible. L'entraînement et l'expérience vous démontreront peut-être, par la répétition, qu'il vous deviendra un jour possible de sortir de votre corps, partiellement et temporairement. Je vous souhaite de pouvoir éventuellement vérifier ce qu'il y a réellement dans votre frigidaire, de cette façon-là.

Donc, non seulement vous n'êtes pas un corps, mais vous pouvez, quand même, être à l'intérieur de votre crâne. Vous pouvez aussi vous déplacer d'un bout à l'autre de votre corps. Il semble maintenant possible de concevoir que vous pouvez aussi sortir et vous déplacer à l'extérieur. Disons plus exactement, déplacer votre attention.

Mais le début de l'exercice vous a permis d'observer que vous êtes situé à l'endroit où vous êtes attentif. Attentif à ce que vous voyez et entendez, vous êtes dans votre crâne, près des yeux et des oreilles. Attentif à votre gros orteil, vous êtes dans votre gros orteil. Et, attentif à votre frigidaire, vous êtes peut-être dedans.

Donc, vous êtes peut-être une particule d'attention, attentive aux perceptions que vous choisissez, ou non, de recevoir. C'est peut-être cela que certains appellent: l'esprit.

Enfin, puisque vous avez accepté de me suivre jusqu'ici, vous allez être récompensé par une expérience stimulante et excitante.

> J'espère que nous nous comprenons bien. Autant que vous n'êtes pas un corps, composé seulement de viande, mais bien plutôt un esprit attentif, capable de concevoir des idées, des images à la suite des perceptions qu'il reçoit, autant moi-même, l'auteur qui vous écrit, je ne suis pas un corps. Mais, tout comme vous, je suis une particule d'attention: peut-être un esprit, moi aussi. Et, lorsque j'écris «tomate», je pense «tomate», et vous pensez «tomate». Peut-être, étant ainsi réunis, ne formons-nous qu'une seule particule d'attention: un seul esprit. Formant un seul esprit, peut-être celui-ci est-il aussi le vôtre. Peut-être êtes-vous en même temps, celui qui lit et celui qui écrit. Peut-être avez-vous déjà vécu ce livre et vous êtes en train de le relire.
>
> Donc, puisque désormais nous ne faisons plus qu'un, passons ensemble à l'expérience suivante.

CHAPITRE II

L'ÉNERGIE ET LA VIE

L'énergie a un rôle tellement grand à jouer dans les exercices décrits plus loin, qu'il devient nécessaire d'expliquer, avec plus de précision, en quoi elle consiste.

Le mot «énergie» est utilisé dans toutes sortes de contextes, avec des significations différentes. Et pourtant, l'énergie est le lien fondamental et universel entre tout ce qui existe, et particulièrement quand il s'agit de l'être humain et de son comportement.

Imaginez que vous dessinez le profil d'un homme. Vous apercevez alors les contours du visage: le front, le nez, les lèvres supérieure et inférieure, le menton, la chevelure, le cou, les épaules, les bras, les mains, la poitrine, etc... en descendant jusqu'aux pieds. Il s'agit là d'un dessin. Même si vous êtes un bon dessinateur, et que ce dessin correspond exactement au profil d'un homme que vous connaissez, il y manque quelque chose pour qu'il soit réel. Pour qu'il soit plus exact, vous pouvez le remplacer par une photographie en blanc et noir. Vous pouvez même prendre cette photographie en couleur. En supposant que les couleurs soient parfaites, il s'agit seulement d'un morceau de papier avec une photographie.

Pour lui donner plus de réalité, vous désirez peut-être en faire une sculpture, en bois, en pierre ou autre matière. Vous pouvez même assembler des morceaux de bois, de la laine et du coton et recouvrir le tout avec une peau en matière plastique. Donnez-lui une couleur appropriée et vous pouvez obtenir un mannequin très ressemblant.

Mais, même si vous obtenez un corps véritable, avec de vrais os, de la vraie peau, des organes et des glandes véritables: il vous manquera encore un ingrédient capital pour en faire un homme vivant. Ce corps n'est qu'un cadavre. Il lui manque l'ÉNERGIE pour pouvoir, enfin, être en vie et fonctionner. C'est-à-dire être appelé un HOMME.

Il lui manque l'énergie. Cet élément qui lui permet, non seulement, d'être conscient, mais déjà, tout simplement **d'être.**

Même si vous êtes un «rationaliste», «sceptique» et «endurci», vous devez admettre qu'il existe quelque chose qui, quoiqu'invisible, est quand même très réel: **l'énergie.**

Il y a l'énergie qui allume l'ampoule au plafond lorsque vous activez l'interrupteur sur le mur. Il y a l'énergie qui fait sortir la musique et les voix de votre appareil radio. Il y a l'énergie qui fait apparaître des images sur l'écran de votre télévision.

Il existe des ondes d'énergie invisibles tout autour de vous, continuellement. D'où viennent-elles et où vont-elles? Très peu d'entre nous le savent. Combien d'ondes différentes existe-t-il? Nous ne le savons pas plus. Récemment, la science en a vérifié quelques-unes. Mais, combien d'autres se promènent, autour de nous et en nous? Personne ne le sait. Et, elles sont autour de nous depuis au moins aussi longtemps que l'univers qui nous entoure.

L'homme de science, à la recherche de la plus petite particule de matière, divise d'abord celle-ci en molécules. Par la suite, il découvre que chaque molécule est composée d'atomes plus petits. En recherchant plus profondément, il s'aperçoit que l'atome lui-même est un ensemble de particules d'énergie. Mais ici, il faut préciser. J'ai dit: «particules». Le terme est faux. **L'énergie n'est pas de la matière, mais du mouvement.** Ce que le savant observe, à l'intérieur de l'atome, c'est la trace d'un mouvement. L'énergie du mouvement laisse une trace. Mais, l'énergie elle-même est invisible. C'est comme un tourbillon de vent qui soulève la poussière: le nuage de poussière est visible, mais le vent est invisible.

Essayons de mieux comprendre l'énergie. Imaginez que nous sommes sur une grande route. Je pose un paquet de cigarettes sur la route. Je ne le pose pas à plat, mais debout sur l'un de ses côtés. Imaginez que je place derrière lui, à environ deux pouces (5 cm), un autre paquet de cigarettes. J'en mets un troisième, à la même distance, et un quatrième, etc... Des centaines et des milliers de paquets de cigarettes, debout les uns derrière les autres, forment une rangée longue de plusieurs milles. Tous ces paquets sont debout, et à deux pouces les uns derrière les autres.

Imaginez que, du bout du doigt, je pousse le haut du premier paquet de cigarettes, pour le faire tomber. Dans sa chute, il pousse le deuxième paquet. Celui-ci commence à tomber en poussant le troisième paquet, et ainsi de suite. Les paquets vont tomber les uns après les autres. Ces chutes successives, en regardant de loin, forment une sorte de vague qui s'éloigne graduellement, au fur et à mesure que tombent les paquets.

Cette vague est une image de l'énergie. Les paquets qui tombent ne sont pas l'énergie: seule la vague qui se déplace en s'éloignant est l'image de l'énergie.

CHAPITRE III

LA LOI DE GRAVITÉ UNIVERSELLE

Depuis longtemps déjà, la science reconnaît la loi de gravité universelle. Cette loi signifie que tous les corps s'attirent. C'est la loi d'amour universel.

Ainsi, si je lâche une pierre, elle tombe sur le sol. Elle est attirée vers le centre de la terre. De la même façon, la lune est attirée vers la terre et la terre vers la lune. Il existe une sorte de ligne droite invisible, de la terre à la lune, le long de laquelle se déplace l'énergie d'attraction entre la terre et la lune. C'est donc une ligne d'énergie entre la terre et la lune. Il existe une ligne d'énergie semblable entre le soleil et la terre, et entre toutes les planètes qui nous entourent.

Cette ligne peut être imaginée comme un fil blanc, de lumière et de force, le long duquel se déplace l'énergie entre deux corps.

Cette attraction entre deux planètes existe, de la même façon, entre deux atomes. Et plus les atomes sont semblables, plus cette attraction est forte et les retient ensemble.

Ces fils d'énergie, qui attirent les atomes ensemble, sont présents également, et continuellement, entre tous les atomes de l'univers.

Continuellement, le long de ces fils, se déplacent des ondes, comme la vague des paquets de cigarettes.

La force d'attraction, le long de ces fils d'énergie, permet l'homogénéité des objets matériels, en maintenant les atomes ensemble. L'air que nous respirons est composé de molécules et d'atomes. Ceux-ci sont également reliés ensemble par les petits fils d'énergie.

Nous sommes, totalement et continuellement, baignés dans cet immense nuage d'énergie, autour de nous et à l'intérieur de nous, à l'intérieur des autres et des objets qui nous entourent. Toutefois, ces ondes d'énergie peuvent être différentes. Elles varient d'un objet à l'autre.

CHAPITRE IV

MANIFESTATIONS DIFFÉRENTES DE L'ÉNERGIE

La pièce dans laquelle vous êtes actuellement est remplie de ces ondes.

Pensez à votre poste de radio. Branchez-le et vous obtenez le son de la musique et des voix émis par une station de radio. Vous pouvez changer de longueur d'ondes, et ainsi obtenir l'émission d'une autre station.

Évidemment, vous pouvez me dire que l'émission vous parvient le long du fil électrique qui vient de dehors. Alors, prenez un poste de radio portatif, avec suffisamment de batteries pour amplifier la réception des ondes présentes. Vous pouvez encore écouter votre émission préférée. Dans la pièce que vous occupez, l'air est continuellement traversé par des ondes de postes de radio, même quand vous ne les écoutez pas. Si vous prenez un poste de télévision portatif, vous obtenez l'image et le son de la station de votre choix, sans le brancher sur l'électricité de la maison. Ce qui veut dire que les ondes de ces stations de télévision sont également présentes autour de vous, même lorsque vous n'avez pas de poste de télévision.

Les hommes de science, les savants admettent qu'ils ne savent pas grand'chose au sujet de l'énergie. Ils reconnaissent qu'elle existe, très bien, mais ils ne savent pas ce que c'est.

CHAPITRE V

L'ÉNERGIE DU SUBCONSCIENT

Il est surprenant qu'à notre époque, où nous nous servons de l'électricité pour beaucoup de nos besoins, nous ne savons pas réellement ce que c'est, ou pourquoi cela fonctionne.

Il y a également une énergie qui circule en nous. Nous l'appellerons une **énergie intelligente,** parce qu'elle prend la forme de nos pensées et de nos perceptions. Elle est semblable à celle qui fait briller l'ampoule au plafond. Elle est peut-être la même.

Nous pouvons même dire que la seule et unique chose qui existe dans tout l'univers, c'est l'ÉNERGIE: à l'intérieur de nous, autour de nous, et à des milliards et des milliards de milles dans l'espace.

Vous allez beaucoup entendre parler d'énergie dans ce livre. Vous allez, peut-être même, vous en fatiguer. Peut-être auriez-vous préféré que je parle de fantômes, d'esprits familiers, ou du bon Dieu. Je préfère utiliser le mot «énergie», car il décrit plus réellement l'outil dont vous allez vous servir dans vos exercices.

D'où vient cette énergie? Comment nous parvient-elle? Ce n'est pas le sujet qui nous préoccupe. Laissons cela aux philosophes, aux prêtres et aux savants qui recherchent depuis l'antiquité.

Mais je crois quand même que la vie, l'énergie de la vie parvient dans le corps humain. Elle vient de quelque part et, lorsqu'elle arrive, elle transforme les morceaux de viande morte en vie, en mouvements, en actions. Elle fait fonctionner le coeur, les poumons, l'estomac, les intestins, les sens et tout le reste.

Afin de venir et de démarrer les choses, cette énergie doit commencer par un certain morceau du corps humain. Elle doit animer le cerveau. Sans le cerveau, la machine humaine ne fonctionne pas, peu importe la quantité d'énergie qu'on lui pompe dedans.

Le cerveau n'est pas la partie du corps la plus jolie. C'est une pâte blanche et grise, étoilée de taches sanguines, gélatineuse, et humide au toucher.

Néanmoins, ce n'est pas par le cerveau qu'arrive l'énergie de la vie, pour faire marcher tout le reste. Elle actionne l'interrupteur et démarre la machine du cerveau, et tout ce que contient votre corps commence à battre, à pomper, à circuler, à murmurer, à siffler et à tourner.

Le cerveau, cette vulgaire masse moelleuse, envoie l'énergie jusqu'aux extrémités de votre corps. Il maintient le flot et le nombre de pulsations appropriées. Et là, vous êtes vivant.

Très bien, me direz-vous. Et alors? Qu'y a-t-il de nouveau? Nous savons déjà que la plupart d'entre nous ont un cerveau. Et même si nous savons qu'il fait tout ce qu'il peut, là-haut, dans notre crâne, qu'est-ce que vient faire cette notion d'une énergie que nous pouvons envoyer et recevoir?

Très bonne question. Votre cerveau reçoit non seulement des énergies corporelles, mais aussi des énergies mentales. Le cerveau reçoit les énergies mentales, et il vous les transmet. Il les emmagasine jusqu'au moment où vous en avez besoin. Votre cerveau est la machine la plus fantastique, la plus merveilleuse que l'on peut trouver sur la terre.

Avant d'aller plus loin, laissez-moi préciser que, même si le cerveau est dans la tête, l'esprit, lui, est ailleurs. L'esprit est une force extérieure qui vient activer la masse qu'on appelle le cerveau. Lorsqu'on vous demande où vous êtes, ne dirigez pas l'index vers votre tête. Allez plutôt quelque part, au-dessus et en avant de votre tête.

Votre esprit conscient est celui qui a décidé de vous faire acheter ce livre. C'est lui qui lit actuellement, et qui confie les informations à votre subconscient. Le matin, c'est lui qui choisit la chemise que vous porterez. C'est encore lui qui décide si vous allez appeler votre ami.

Cette partie de votre esprit est à votre disposition la plupart du temps. En fait, bien souvent, c'est lui qui dirige. L'esprit conscient règne sur les choses que vous voulez faire **maintenant.** Il opère dans le présent, ici et maintenant.

Le subconscient est un autre aspect de votre esprit. Il est très intéressant. Il possède trois fonctions importantes. Tout d'abord, il fonctionne continuellement, sans interruption, et vous n'en êtes pas conscient. C'est l'inspecteur qui surveille pour que tout continue à marcher. Il s'assure que les fonctions de votre corps se poursuivent. Il fait pousser vos cheveux. Il fait battre votre coeur. Il maintient la circulation du sang. Il fait digérer les aliments. Il s'assure de l'élimination des résidus indésirables de la combustion. Etc...

Habituellement, vous n'avez pas à vous soucier de ces choses, car automatiquement c'est le subconscient qui s'en occupe. Par exemple, vous n'avez pas besoin de vous arrêter soudainement en vous disant: «Zut, j'ai oublié de faire pousser mes cheveux sur le côté gauche», ou bien alors, «mon Dieu, j'étais tellement occupé que je n'ai pas pensé à respirer». Non, vous pouvez en toute quiétude vaquer à vos occupations, sachant que votre subconscient s'occupe de votre respiration et de la pousse de vos cheveux. Ce qui est merveilleux, c'est que son travail ne dérange en rien les autres choses que vous pouvez penser ou faire consciemment.

Le subconscient possède également une seconde fonction. Celle-ci est également très intéressante. Il emmagasine toutes les informations que vous recevez, pour le moment où vous en aurez besoin. Tous les renseignements, sans exception, que vous recevez de vos sens (la vue, l'ouïe, etc...) sont enregistrés au niveau du subconscient. Si vous pensez à une petite chanson que vous avez apprise étant jeune, comme «Frère Jacques», en vous arrêtant un instant pour écouter, vous l'entendez dans votre tête. Si vous pensez à une pêche bien mûre que vous avez mangée, vous vous souvenez de sa forme, de sa couleur, de son goût et de la sensation veloutée de sa peau. C'est presque exactement comme un cerveau électronique, mais beaucoup plus perfectionné.

CHAPITRE VI

LE RÉFLEXE CONDITIONNÉ

Une troisième fonction du subconscient est particulièrement intéressante et très importante dans le contexte qui nous préoccupe: **le réflexe.**

Au tout début de notre siècle, un physiologue russe, Yvan Pavlov, se fait connaître par ses expériences sur les fonctions digestives des chiens. L'une de ses découvertes accidentelles dont la signification devient plus apparente aujourd'hui, est associée à l'observation que le chien peut être entraîné, conditionné à saliver au son d'une cloche.

Au sujet du comportement humain, ce qu'il y a d'important dans cette découverte, c'est que maintenant, il est démontré que l'être humain, lui aussi, peut être conditionné à réagir d'une façon différente qu'on pourrait s'y attendre ordinairement.

Bien sûr, il est normal de s'attendre à voir un chien secréter et baver de la salive lorsqu'il est exposé à la vue et à l'odeur de sa nourriture, surtout s'il a faim. Mais, de le voir ainsi saliver, alors qu'il n'y a ni présence ni odeur de nourriture, et seulement au son d'une cloche, est un phénomène plutôt inattendu lorsqu'on n'est pas familier au processus du réflexe conditionné.

Si vous êtes intéressé à développer votre subconscient pour obtenir tout ce que vous voulez, il est important de vous familiariser avec les principes du réflexe conditionné. Cette connaissance n'est pas seulement nécessaire pour développer les techniques, mais pour utiliser intelligemment les informations qui vont suivre dans ce document.

Voici comment procède le conditionnement du chien, pour saliver au son de la cloche.

Imaginez que votre chien est attaché et que vous le nourrissez tous les jours, à la même heure, en mettant de la nourriture dans un plat, toujours dans le même coin.

Chaque jour, lorsqu'approche l'heure habituelle du repas, vous pouvez observer que votre chien commence à démontrer plus d'intérêt en direction du coin où vous placez sa nourriture habituellement. À un certain moment, vous le voyez même se lever, et tirer sur sa chaîne en direction du plat où vous devez placer sa nourriture.

Maintenant, imaginez que vous prenez l'habitude de faire sonner une cloche, juste avant de verser la nourriture dans le plat. Après quelques semaines, à chaque fois que vous faites sonner la cloche, le chien se lève d'un bond et tire sur sa chaîne, en direction du plat. Même si vous n'avez pas de nourriture avec vous, et même si vous faites sonner la cloche à un autre moment que l'heure habituelle des repas, au son de la cloche le chien se lève d'un bond, tire sur sa chaîne en direction du plat et commence à saliver.

Vous venez de conditionner votre chien à un réflexe. Le réflexe habituel doit se présenter seulement à l'heure des repas et en présence de nourriture. Le réflexe que vous

La magie du subconscient

avez conditionné se présente également au son de la cloche, alors que le son d'une cloche ne produit pas ce réflexe habituellement.

Ceci peut sembler insignifiant. Pourtant, ce genre d'expérience a permis de dévoiler une connaissance très importante au sujet de la conduite, du comportement de l'être humain.

Considérons, un instant, la quantité de temps, d'argent et d'énergie dépensée par les gouvernements pour s'éloigner dans l'espace, et rejoindre des êtres extraterrestres. Nous n'avons pas encore appris à nous entendre entre nous et à obtenir ce dont nous avons besoin sur la terre. Est-il bon de s'arrêter pour songer à l'essentiel immédiat?

L'entraînement au réflexe conditionné peut être poussé très loin. Vous pouvez même rendre votre chien névrosé et psychosé. Peu importe les résultats recherchés, le conditionnement amène inévitablement le réflexe prévu. La notion du bien et du mal n'a rien à voir dans cette fonction subconsciente du réflexe conditionné.

Imaginez que, par exemple, pour les besoins de l'expérience, vous vous entraînez à cligner de l'oeil gauche à chaque fois que je prononce le mot «rouge». Après quelque temps, à chaque fois que je dis le mot «rouge», vous clignez automatiquement de l'oeil gauche. Vous vous en rendez compte seulement après. Au son du mot «rouge», votre oeil cligne, et ensuite vous vous en rendez compte. C'est un réflexe conditionné.

L'être humain, lui, est supérieur à l'animal et peut se conditionner à réagir à des idées, des symboles mentaux.

Quand vous étiez jeune, on vous a montré, dans un livre le dessin d'une vache. En vous montrant le dessin, on vous a dit: «Ceci est une vache». Après plusieurs répétitions, vous associez l'image de la vache avec le son du mot «vache». Un jour, lors d'une promenade en campagne, passant près d'un troupeau, en les montrant, on vous a dit: «Des vaches, vaches, des va-ches». Et depuis, il suffit que quelqu'un parle de vaches, pour qu'automatiquement il vous vienne à l'esprit l'image, la couleur et la forme d'une vache. C'est un réflexe conditionné. Votre langue maternelle, elle-même, est un ensemble de réflexes conditionnés. Votre vie toute entière est une suite continuelle de réflexes automatiques auxquels vous avez été conditionné.

Si je montre à un Chinois, ou à un Russe, le mot **v.a.c.h.e.**, il ne lui viendra certainement pas une vache à l'esprit.

Ainsi, l'esprit dont vous vous servez, lorsque vous agissez vers la réalisation de vos buts, ne recherche que le succès. Malheureusement, au travers des hasards de la vie, vous avez été conditionné à des réflexes qui amènent trop souvent des résultats autres que ceux que vous avez prévus. Il vous est maintenant possible, grâce aux techniques dévoilées dans ce document, de reconditionner vos réflexes pour vous amener la réussite que vous recherchez, et qui vous revient de droit.

En fait, cette réussite n'attend que vous pour se manifester.

CHAPITRE VII

L'AURA

Un sujet qu'il est indispensable de mentionner, quand on parle d'énergie humaine, c'est **l'aura.**

Je vois immédiatement sursauter le sceptique endurci.

L'aura humaine est un champ magnétique, hautement chargé, qui entoure et imprègne le corps humain vivant. Bien que n'importe qui peut voir l'aura en cinq à dix minutes, la plupart des gens sont ignorants de son existence. D'habitude, une personne regarde un objet d'une façon sélective, en observant les détails plus saillants qui l'intéressent. Elle ne remarque donc pas d'autres détails qui ont peut-être autant d'importance.

De nombreuses recherches ont été entreprises au sujet de l'aura humaine. Les premières expériences scientifiques sont faites par le docteur Walter J. Kilner du St. Thomas Hospital à Londres, en déterminant la nature de l'aura par des procédés de laboratoire. Ces expériences commencent en 1908, lorsque le docteur Kilner a remarqué un nuage lumineux blanchâtre autour du corps humain. Il devient intéressé en explorant les possibilités qu'offre l'aura au sujet de l'état physiologique d'une personne. Il observe en fait que des formes variées, de couleurs différentes, accompagnent certaines maladies du corps. C'est en 1920 qu'il publie son livre «Human Atmosphere», suivi de «Human Aura». Selon lui, 95% des gens peuvent être entraînés à voir et interpréter l'aura.

En Russie, la méthode du photographe Kirlian permet aux savants de photographier et d'évaluer le champ magnétique qui entoure tous les êtres humains vivants.

Récemment, à l'université Stanford, des savants américains reproduisent le même genre de photographies.

À Cornell, toujours aux États-Unis, après de nombreuses recherches, le docteur Otto Rahn découvre que les radiations les plus fortes émanent du bout des doigts de la main droite.

Bien que sa nature ne soit pas connue, il est évident que l'aura a été vue depuis des siècles. On peut la trouver sur les peintures religieuses qui montrent un nuage lumineux autour du corps des saints et des prophètes.

Grâce aux efforts de nombreux chercheurs, nous pouvons, maintenant, faire des affirmations spécifiques et vérifiables au sujet de l'aura.

Le champ magnétique que l'on aperçoit près du corps, et tout autour, sur une largeur d'environ trois millimètres, est habituellement appelé le corps éthérique, ou bioplasmique. Cette bande étroite est sensible au toucher, et l'on peut constater son existence sans difficulté. Plusieurs chercheurs ont observé que cette aura éthérique est attirée par un aimant.

L'aura est attirée par un aimant, mais elle n'est pas un aimant. Donc, l'aura est un corps qui a une masse.

Cette aura est plus large sur le bout des seins et des doigts que sur les grandes surfaces. Ici, il est intéressant de remarquer que la même chose est observée sur un conducteur chargé d'électricité.

Des savants en Russie, aux États-Unis et en Angleterre ont trouvé qu'il est possible de partager une pensée bénéfique, peut-être une petite charge d'électricité, grâce à l'aura. Plus l'aura d'une personne est brillante, plus forte sera la charge électrique qu'elle peut transmettre à une autre.

En utilisant les techniques de respiration, une personne peut apprendre à augmenter l'énergie de son aura, et à la diriger à volonté dans un endroit choisi.

Lorsqu'une personne commence à voir l'aura, il est possible qu'elle ne distingue pas, immédiatement, les différentes couleurs et les formes variées. La faculté de distinguer les formes et les couleurs semble être une question de temps et d'entraînement. Certains peuvent voir les couleurs immédiatement. Il y en a qui aperçoivent cet arc-en-ciel depuis leur enfance. Mais, le domaine de la vision des couleurs de l'aura est encore, lui aussi, un champ de recherches. On peut observer, par exemple, le rapport existant entre une certaine couleur et un état physiologique, mental ou émotionnel correspondant.

* * *

Exercices

Les exercices qui suivent vous permettront de distinguer l'aura.

1° Pour commencer, vous choisissez une pièce avec un mur tout nu. Il faut éviter les dessins, les tableaux et autres garnitures sur le mur. De préférence, la couleur du mur doit être neutre.

Vous devez tirer les rideaux et réduire l'éclairage, juste assez pour que les traits de la personne choisie demeurent visibles. La lumière doit être seulement suffisante pour distinguer le contour général du corps. Cette personne se tient debout, le dos au mur.

Les observateurs se tiennent à une distance de quelques pieds, et regardent le front du sujet. Ils peuvent laisser leur regard se promener autour de la tête, et même le reste du corps.

Pour augmenter l'énergie à l'intérieur de l'aura, le sujet doit prendre des respirations profondes. Il doit ainsi respirer avec le ventre. Il enfle le ventre en inspirant, et il le relâche en gardant l'air dans les poumons et en expirant. Au fur et à mesure, il doit imaginer qu'il dirige la respiration vers le dessus de la tête. Lorsqu'il respire ainsi, les observateurs doivent diriger leur regard vers la tête, au-dessus et autour. Habituellement, l'aura est vue comme une sorte de brouillard lumineux et mouvant. Parfois, on l'observe comme des vagues vibrantes de chaleur qui recouvrent le sol, les jours d'été très chauds. À chaque respiration profonde dirigée vers le dessus du crâne, les observateurs peuvent remarquer l'augmentation de la luminosité de l'aura.

Puis, le sujet allonge les bras devant lui, la paume des mains face aux observateurs, et le bout des doigts pointé vers le haut. Mais maintenant, durant les respirations, il les dirige vers les mains et les doigts. Les observateurs concentrent leur regard vers les mains, et particulièrement le bout des doigts. Il n'est pas nécessaire de fixer des yeux. Il est même préférable d'éviter cette pratique. Si quelqu'un a un certain doute, et pense à une illusion d'optique, il lui est recommandé de regarder ailleurs, ou de fermer les yeux un instant, pour reposer sa vue. Après un moment, il peut recommencer à regarder devant lui, vers les mains du sujet.

La faculté de voir les couleurs ne se présente pas, instantanément, chez l'observateur. Elle peut se développer avec l'entraînement.

2° Il est possible de vérifier l'existence véritable de l'aura en prenant un gros aimant. Choisissez un gros aimant en forme de fer à cheval. La personne qui prend l'aimant dans sa main doit s'approcher à côté du sujet près du mur. Elle tient les pôles de l'aimant à environ deux pieds à côté de la tête du sujet. Celui-ci prend alors des respirations profondes qu'il dirige vers le dessus du crâne. En accordant leur attention à l'aimant, les observateurs peuvent voir l'aura qui se dirige vers celui-ci.

3° Si vous êtes seul, vous pouvez faire la même expérience avec un miroir. La pièce la plus appropriée semble être la salle de bain. Éteignez la lumière, mais gardez suffisamment de clarté pour apercevoir les contours de votre corps dans le miroir. Prenez des respirations profondes, avec le ventre, en imaginant qu'elles remplissent votre crâne. Très rapidement, vous pouvez apercevoir l'aura qui se dessine autour de votre tête. À chaque respiration profonde, vous pouvez augmenter la luminosité de l'aura. Elle vous apparaît comme un nuage blanchâtre, vibrant ou lumineux, de la même façon que sur les autres.

Ici aussi, la vue des couleurs n'est pas immédiate. Elle peut se développer avec l'entraînement.

4° L'aura peut également être perçue au toucher. Ceux qui participent à l'exercice doivent se tenir debout près du sujet, un par un, et placer leurs mains de chaque côté de sa tête, à environ six pouces (15 cm). L'observateur doit se fermer les yeux et penser à ses mains en observant les sensations qui lui parviennent. Le sujet reprend des respirations profondes, avec le ventre, en emplissant la tête.

Il est possible alors que l'observateur remarque des sensations de chaleur, de vibrations et de mouvements autour de ses mains. Cette technique permet aux aveugles de vérifier l'existence de l'aura humaine.

Si vous le voulez bien, vous savez maintenant que l'énergie existe, car vous pouvez le vérifier. Au chapitre suivant, vous allez apprendre que cette manifestation d'énergie peut être manipulée selon votre intention.

CHAPITRE VIII

CONTRÔLE DE L'ESPRIT SUR LA MATIÈRE

Ce titre désigne un concept qui identifie l'effet que peut produire l'esprit sur un objet matériel extérieur à lui-même. Ce principe a été utilisé expérimentalement pour contrôler le lancer des dés sur une table de jeu, et pour influencer la croissance de maladies dans des plantes. Il a été également utilisé pour accélérer la croissance des plantes, et pour réveiller des souris anesthésiées, bien avant le délai prévu.

A priori, il est assez étonnant et même stupéfiant, de penser que l'esprit peut traverser l'espace et, réellement, produire un effet sur un objet matériel.

Et pourtant, les savants ne cherchent plus à prouver cette possibilité. Ils sont désormais concentrés sur les applications possibles de ce phénomène déjà démontré. En Russie, le docteur Pavel Naumov, et aux États-Unis, les docteurs J.B. et Louisa E. Rhine, ont démontré, hors de tout doute, la réalité du contrôle possible de l'esprit sur la matière.

Les personnes étudiées par le docteur Rhine n'avaient aucune idée qu'elles pouvaient influencer des circonstances extérieures. Et pourtant, elles ont démontré qu'elles avaient cette faculté. Tout le monde, sans exception, peut, à des degrés différents, influencer les objets et les circonstances.

Quelle force, ou quelle énergie est responsable de cet effet? C'est une question qui, naturellement, confronte l'esprit logique. Quoiqu'aucune réponse satisfaisante ne soit disponible, de nombreuses théories ont déjà été échafaudées, autant aux États-Unis qu'en Russie.

Après l'étude de plusieurs personnes entraînées à développer ce talent, existant en elles, les savants russes proposent une théorie. Celle-ci suggère que le contrôle de l'esprit sur la matière implique la conversion d'énergie physique en énergie émotionnelle, et celle-ci en énergie cinétique. Cette dernière sort de la personne et exerce une force sur des objets matériels. La raison majeure de cette conclusion, c'est que les personnes qui pratiquent ces expériences perdent plusieurs livres de poids à chaque fois.

Le docteur Rhine a émis la théorie que ce contrôle de l'énergie sur la matière est la relation, le rapport qui existe entre l'esprit et le corps. Il considère que de l'énergie doit être utilisée pour diriger l'énergie. Conséquemment, le contrôle de l'énergie sur la matière commence en utilisant l'énergie nerveuse qui est convertie en énergie musculaire pour devenir enfin l'énergie cinétique, qui dirige le déplacement des objets matériels.

Afin de comprendre la théorie du docteur Rhine, il faut réaliser que, pour lui, l'esprit n'est pas emprisonné dans le crâne, ou dans le corps physique. Selon lui, il peut traverser l'espace et, peut-être aussi, le temps.

Le fait le plus important qu'il faut garder à l'idée, c'est que le contrôle de l'esprit sur la matière peut être étudié et mesuré scientifiquement.

Il faut aussi se souvenir que c'est un sujet qui requiert, encore, de nombreuses recherches.

Le contrôle de l'esprit sur la matière peut être appliqué à des usages nombreux et variés. Par exemple, la population d'un pays tout entier peut être entraînée à influencer, à une grande distance, l'aiguille de la boussole d'un avion, ou d'un missile stratégiquement très dangereux.

L'aiguille d'une boussole sur un bateau, sur un avion ou sur terre, peut être déviée, tout simplement, par le pouvoir de l'esprit sur la matière.

Les expériences ont également démontré que le contrôle de l'esprit sur la matière peut, à distance, désorienter un gyroscope. C'est un mécanisme qui guide les missiles balistiques intercontinentaux.

Ce concept, du contrôle de l'esprit sur la matière, aura un effet marquant sur la biologie et la physique, dans un avenir rapproché.

Traditionnellement, les savants considèrent que les effets physiques ont des causes physiques. Des expériences démontrent que l'usage du contrôle de l'esprit sur la matière peut influencer le rythme cardiaque, et même l'arrêter. Il peut aussi influencer la pression sanguine, retarder ou accélérer la croissance d'une plante, selon la volonté de la personne qui dirige l'énergie.

En tant que science, la biologie ne pourra plus ignorer des expériences qui la concerne tellement.

Puisque la physique, en tant que science, traite de l'énergie, le contrôle de l'esprit sur la matière entre dans son domaine.

La découverte du contrôle de l'esprit sur la matière, ainsi que les lois qui le gouvernent, contient sans doute la réponse à la crise d'énergie que confronte l'humanité présentement.

* * *

Exercices

1° Procurez-vous une boussole. Il n'est pas nécessaire qu'elle coûte cher, mais elle doit quand même indiquer régulièrement le nord.

a) Maintenant, effectuez les exercices de respiration qui sont indiqués au chapitre précédent, en dirigeant l'attention dans les mains, jusqu'au bout des doigts.

b) Choisissez une table que vous débarrassez de tous les objets qui sont dessus. Assurez-vous qu'il n'y a pas de métal dans la table qui pourrait déranger la boussole. Placez la boussole sur la table. Disposez-la afin que le cadran coïncide avec le nord de l'aiguille. C'est-à-dire que vous tournez la boussole jusqu'à ce que le point nord du cadran coïncide avec la pointe de l'aiguille.

Prenez une autre respiration en imaginant que vos doigts s'allongent sous l'impulsion de l'énergie qui sort de leur extrémité. Mentalement, dirigez la respiration le long des bras, jusque dans vos mains, en imaginant qu'elle pousse l'aiguille dans la direction que vous avez choisie.

c) **Pensez à vos yeux,** et imaginez que la respiration sort également de vos yeux. Imaginez qu'elle forme deux rayons de lumière qui sortent de vos yeux, se dirigent vers la pointe de l'aiguille et la pousse dans la direction choisie.

Mentalement, figurez-vous l'image de la position de l'aiguille lorsqu'elle aura rejoint l'endroit prévu. Imaginez qu'elle est déjà à cet endroit. Mentalement, formez l'image

La magie du subconscient

de l'aiguille dans la boussole, indiquant l'orientation choisie. Pensez, imaginez, «faites comme si» c'est déjà arrivé, actuellement, et vous le voyez.

Concentrez les rayons d'énergie de vos yeux et de vos doigts sur le bout de l'aiguille, en poussant mentalement dans la direction voulue. Vous pouvez même bouger vos mains de l'endroit où se trouve la pointe de l'aiguille vers l'endroit où vous voulez qu'elle se déplace. Répétez ce mouvement plusieurs fois, afin d'entraîner l'énergie vers le résultat désiré, en brisant l'inertie du champ d'énergie.

Au début, d'habitude, l'aiguille oscille vers l'est et vers l'ouest en formant un petit arc qui s'agrandit de plus en plus vers le point choisi. Et bientôt, elle restera là, pendant que vous continuez les exercices de respirations.

En pratiquant ainsi pendant une demi-heure, chaque jour sans exception, vous parviendrez à des résultats qui vous surprendront vous-même. Ces résultats sont nécessaires pour vous permettre de convaincre votre subconscient que vous possédez cette faculté. Vous pouvez contrôler l'énergie qui influence la matière. Et en même temps, vous développez, pour vous-même, la discipline et le contrôle de cette énergie subconsciente.

2° Un peu plus tard, le même exercice peut être essayé avec une **allumette, un trombone attache-feuilles, un cheveu, une épingle,** etc... Pour éviter les interférences des courants d'air, placez l'objet sous un verre, ou un bol en vitre renversé par-dessus, comme une cloche.

Très important: Une pratique sérieuse exige de s'entraîner pendant 30 minutes, une fois par jour, et ainsi tous les jours.

CHAPITRE IX

CONTRÔLE DE L'ESPRIT SUR LE FUTUR

De nombreux livres sont déjà écrits sur le sujet de la pensée positive. Ils décrivent l'attitude positive et les effets qu'elle peut avoir sur la vie quotidienne. Je n'essaierai pas, ici, de vous encourager à développer une certaine attitude. Je désire plutôt établir des faits fondamentaux, et proposer l'hypothèse que l'homme est le créateur de son propre futur. Je ne parle pas d'un passé construit au jour le jour, circonstances après circonstances.

En fait, actuellement, à ce moment-même où vous lisez ces lignes, vous possédez la faculté d'amener dans votre vie future des circonstances, des situations et des objets. Vous pouvez le faire en créant mentalement et aujourd'hui ces circonstances et ces situations. Cela peut vous paraître inadmissible. Mais, au fur et à mesure que vous lirez, vous deviendrez de plus en plus conscient que vous avez beaucoup plus de contrôle, sur votre futur, que vous ne l'avez jamais réalisé.

Lorsque je parle du futur, je réfère donc au temps. Le temps n'est pas encore un élément parfaitement défini. Afin de nous entendre sur la suite du chapitre, il est bon que nous nous arrêtions un peu là-dessus.

En général, lorsque quelqu'un parle du temps, il réfère à l'heure de la montre, le jour, le mois et l'année. Il indique un moment plus ou moins long, semble-t-il, dans le temps. Il y a donc des périodes de temps mesurées en secondes, minutes, heures, jours, mois, années, siècles, millénaires, etc...

S'agit-il vraiment de temps? Ou s'agit-il plutôt d'une mesure d'espace? Voyons ensemble. Sur la montre (objet matériel, donc espace), la petite aiguille a été ajustée pour faire le tour deux fois durant une journée. Une journée, c'est un point sur la terre (matière, espace) qui revient au même endroit lorsque celle-ci a fait un tour sur elle-même. Donc, un tour de terre correspond à deux tours d'aiguille sur le cadran de la montre.

Une deuxième aiguille, la grande, celle des minutes, tourne plus vite et parcourt tout le cadran en une heure, c'est-à-dire vingt-quatre fois dans une journée.

Il y a aussi la trotteuse, l'aiguille des secondes, qui fait le tour du cadran en une minute, c'est-à-dire soixante fois en une heure.

La terre (matière) fait le tour du soleil (matière). Durant son parcourt, elle fait environ 365 tours sur elle-même avant de revenir au même endroit. Ce qui donne 365 jours en une année. Et ainsi de suite.

Donc, lorsque quelqu'un parle de ce temps, il ne parle vraiment pas de temps, mais plutôt, disons, de **proportions d'espace comparées.**

Et pourtant le temps existe. Ou plutôt, il existe une autre sorte de temps, ou un autre aspect du temps. Il y a tout d'abord cet aspect du temps qui, à nos yeux, nous paraît immuable: les mouvements de la terre et du soleil dans l'univers sont observés par nos yeux. Notre regard lit l'heure sur la montre. Il compte les jours sur le calendrier, il peut observer la clarté le jour et l'obscurité la nuit. Le rythme de croissance des plantes permet de déterminer la saison. Les plantes germent au printemps, poussent et mûrissent l'été, et sont récoltées en automne. L'hiver est plus froid, et l'année est terminée. On recommence. Toutes ces périodes du temps peuvent être observées par notre vue et nos autres sens physiques.

L'autre aspect du temps, dont je veux vous parler, n'est pas perçu par nos sens physiques. Cet aspect du temps, qui devient important dans ce document, est formé d'énergie. Nous le ressentons, non pas, par les sens physiques, mais au niveau émotionnel. Étant de l'énergie, il peut donc éventuellement être mesuré scientifiquement. En attendant, vous pouvez quand même l'observer.

Il vous est peut-être déjà arrivé de trouver le temps long. Parfois, il passe trop vite: il est trop court. S'il est parfois long et parfois court, c'est déjà une référence de comparaison de mesures.

Maintenant, souvenez-vous. Lorsque vous vous apercevez que le temps a passé trop vite, vous venez de traverser une période durant laquelle vous étiez fortement attentif, intéressé à quelque chose, le plus souvent une activité. À ce moment-là, vous êtes surchargé d'énergie, vous êtes heureux. Vous devez vous relâcher, libérer cette énergie, cette tension, avant de vous concentrer sur autre chose.

Maintenant, quand vous trouvez le temps long, c'est en général lorsque vous êtes inactif, peut-être immobile et vous attendez, sans toujours savoir quoi. Après une longue période semblable d'inactivité, vous êtes épuisé, vidé. Vous n'avez rien à faire, vous attendez. Cela vous épuise et vous n'êtes pas heureux.

On pourrait en déduire que plus le temps est long, plus vous l'étirez, moins vous avez d'énergie en vous: vous ne vous sentez pas bien. Plus le temps est court, quand il passe vite, plus il est compressé et dense. Vous êtes très éveillé, intéressé, actif avec beaucoup d'énergie à votre disposition: vous vous sentez bien.

Nous voyons donc, ici, un autre aspect du temps: l'énergie. Elle est observable et vérifiable. L'activité dont nous avons parlé lorsque le temps passe vite peut aussi bien être une activité mentale qu'une activité physique.

Donc, cet autre aspect du temps est peut-être de l'énergie.

Ainsi, nous pouvons maintenant considérer le temps comme un flot d'énergie. Et l'homme a la faculté de projeter ses pensées dans ce qu'il appelle, pour le moment, le futur. Il peut modeler ce flot d'énergie sous la forme qu'il choisit.

Pour comprendre cette faculté, rappelons que toutes choses, incluant la pensée et le temps, sont des formes d'énergie.

Il a déjà été démontré qu'avec l'énergie cinétique, l'homme peut influencer son corps et les objets qui l'entourent. La même énergie, sous forme de pensées, peut être utilisée à modeler des circonstances spécifiques de la vie quotidienne sur l'énergie du temps.

Considérant que le temps n'est pas défini, imaginez que le temps futur est encore à l'état liquide. Il est un peu comme de la cire fondue, capable d'être modelé dans n'importe quelle forme.

Imaginez, maintenant, que vos pensées sont des sortes de moules qui peuvent donner des formes à cette cire, selon vos désirs et votre volonté.

Les pensées ne sont pas des fantaisies abstraites dépourvues de substance. **Ce sont des objets.** Elles sont composées d'une sorte d'énergie capable d'altérer tout ce qu'elles contactent. L'énergie de la pensée peut être utilisée comme des graines que l'on sème aujourd'hui afin de récolter la même sorte plus tard.

La considération d'une telle hypothèse peut nous mener très loin. Si cette théorie est exacte, elle fait peser sur nous une terrible responsabilité. Nous pouvons accepter les choses telles qu'elles sont, ou alors faire quelque chose pour amener les circonstances que nous désirons. **Si nous choisissons d'accepter passivement,** nous ne pouvons plus nous plaindre de ce qui nous déplaît ou de ce qui nous retient. D'autre part, **si nous décidons d'agir** et d'influencer le futur, nous n'avons pas plus de raison de nous plaindre: l'énergie de nos pensées imprimée sur l'énergie du temps nous amène les circonstances que nous avons choisies. Si celles-ci nous déplaisent, il ne nous reste plus qu'à nous réorienter, en formant l'image mentale des circonstances que nous désirons, pour changer notre situation.

Des savants, des physiciens ont appliqué leurs recherches à la nature du temps. Ils ont découvert des preuves que le temps peut aussi bien avancer que reculer. Cela permet de supposer, même de croire, que le temps est relatif, et que **le futur est réellement liquide.**

Afin de nous aider à saisir le concept d'un futur liquide, utilisons l'analogie d'un morceau de jardin. Vous allez chez le fleuriste ou le marchand de grains. Les enveloppes qui contiennent les graines de fleurs sont recouvertes d'une photo en couleurs ou d'une peinture les représentant, telles qu'elles apparaîtront dans votre jardin, après les avoir semées. Parmi les différentes enveloppes, vous choisissez la sorte de fleurs que vous voulez avoir dans votre jardin. Vous achetez cette enveloppe de graines. Arrivé chez vous, vous les semez, tout en étant convaincu que les fleurs qui apparaîtront, dans quelque temps, seront semblables à celles qui sont décrites sur l'enveloppe. La terre de votre jardin est aujourd'hui la même que celle qui sera là lorsque vos fleurs s'épanouiront. Le temps est un peu comme la terre de votre jardin, et les graines sont les pensées, les images mentales que vous avez semées, arrosées et entretenues.

Vous devez vous souvenir que certaines circonstances ont déjà été imprimées, sur votre futur par les pensées que vous avez eues avant aujourd'hui. Mais l'énergie du temps futur étant encore liquide, **maléable,** ces circonstances déjà formées peuvent être transformées, reformées.

Il est reconnu physiquement que deux objets ne peuvent pas occuper le même espace. Conséquemment, en modelant de nouvelles circonstances futures avec la cire du temps, vous détruisez les circonstances qui s'y étaient formées sans votre consentement conscient. Donc, en choisissant de nouvelles circonstances pour votre futur, vous détruisez un certain futur qui existe déjà. Vous pouvez assister alors à des déchirements et des situations difficiles.

Imaginez ce garçon d'une famille bourgeoise qui a suivi des cours de commerce et d'administration pour remplacer son père à la tête de l'usine dont il est propriétaire. Après ses études, il vient travailler aux côtés de son père quelque temps, afin de se préparer à le remplacer. Deux ans plus tard, il décide de céder à sa vocation: il s'inscrit à l'université et commence des cours en médecine. Ce changement dans ces buts et son style de vie, jette la confusion, et même la colère parmi des membres de sa famille et des associés. Conséquemment, ne soyez pas surpris si, en réorganisant votre vie, vous traversez des moments désagréables, et si vous êtes confronté à de mauvaises réactions de la part des personnes qui faisaient partie de votre vie auparavant.

Reconstruire, en général, veut dire construire mieux qu'avant. Le concept de construire le futur doit être considéré de la même façon.

Reconstruire, ou construire nos pensées de nouveau, doit toujours être fait dans un but constructif. Autrement, de terribles ennuis sont à prévoir. Cette mise en garde est d'une importance capitale, et doit être considérée très sérieusement. En construisant votre futur, les pensées sont un outil réel et très puissant pour amener les circonstances dans votre vie. Vous êtes prévenu de ne pas sous-estimer cette technique seulement à cause de sa simplicité. Cette technique marche. Elle fonctionne avec énormément de précision. Ne commettez pas l'erreur de vous en servir comme d'un jouet, car elle peut influencer n'importe quel aspect de votre existence.

* * *

L'importance de ce qui précède peut être illustrée par ce qui est arrivé à une de mes élèves. Elle s'est entichée d'un jeune homme qu'elle aperçoit, presque tous les matins, dans l'autobus. Malgré les conseils de prudence qui sont prodigués durant le cours, elle commence à faire du travail mental sur ce jeune homme, en utilisant les exercices qu'elle a appris. Elle veut être aimée de lui, et éventuellement l'épouser. Après environ une semaine de pratique avec les exercices, un matin, elle est assise dans l'autobus et le jeune homme s'assied près d'elle. Il ouvre son journal. Après quelques instants, il se tourne vers elle et lui dit: «Excusez-moi, ma montre est chez l'horloger. Pouvez-vous me dire l'heure, s'il vous plaît?». Après avoir échangé quelques phrases, quelques minutes plus tard ils prennent le café ensemble, avant d'aller travailler. Au cours de la semaine, il l'invite au spectacle. Durant le mois, ils font ensemble plusieurs promenades en automobile. Graduellement, il lui fait des avances. Elle est de plus en plus heureuse. Elle arrive à ses fins. L'homme qu'elle désire le plus est bientôt presqu'à ses pieds. Elle accepte même de monter à l'hôtel avec lui, avec la ferme intention de ne pas céder à ses avances. Elle lui dira simplement qu'elle serait infiniment heureuse et qu'elle désire se donner à lui, mais seulement quand ils seront mariés. Et c'est là, dans cette chambre d'hôtel, où ils sont assis tous les deux devant un verre, qu'elle apprend qu'il est marié et père de famille. C'est donc en pleurs qu'elle revient me voir. Elle me demande de l'aider à imaginer cet homme hors de son existence. Elle ne peut pas supporter sa fréquentation en sachant qu'il va en rejoindre une autre après. Mais elle s'était fortement attachée à lui, ne sachant pas qu'il était marié.

Cette démarche de ré-orientation fut donc très pénible. Elle était presqu'au désespoir. Elle a pu enfin se fabriquer un autre futur. Mais, elle se souviendra longtemps du malheur qu'elle a vécu, et elle prendra désormais les précautions nécessaires tel qu'elle l'avait appris. Ces précautions sont expliquées dans le chapitre qui suit.

Les personnes qui essaient les techniques présentées ici commettent rarement une erreur d'excès d'enthousiasme. Certaines personnes, en construisant les circonstances de leur futur, détruisent leurs efforts avec des doutes incalculables, comme: «Est-ce que cela va marcher?», «Est-ce que cela peut arriver?», «Pensez-vous que quelque chose d'aussi simple peut fonctionner?». Cette sorte de pessimisme fait penser à la femme qui tricote tous les soirs un foulard qu'elle défait le lendemain matin pour en récupérer la laine: elle n'aura jamais de foulard.

Les techniques doivent être considérées telles qu'elles sont présentées. Il n'y a ni magie, ni miracle. Elles impliquent seulement l'utilisation de l'énergie mentale et de l'énergie cinétique, pour modeler, avec l'énergie du futur, les circonstances que l'on veut voir arriver.

Il ne s'agit pas d'une formule magique, d'une potion ou d'un philtre. Il s'agit seulement de la nature du temps en rapport avec la forme de l'énergie de la pensée.

Il est très important, pour vous, de considérer que les pensées sont en quelque sorte magnétiques. Vous ne pouvez pas vous attirer l'opposé de ce que vous pensez. Au contraire, ce que vous pensez attire magnétiquement des conditions semblables. Plus simplement, vous recevez du temps ce que vous lui avez donné sous forme de pensées et d'actions. Chacun crée son propre futur en s'attirant à lui les personnes et les circonstances qui correspondent à la construction de ses pensées.

Cette sorte d'attraction peut expliquer, un peu, ce qui se passe dans notre société aujourd'hui. Des employeurs et des entreprises importantes dépensent, chaque année, des sommes considérables, pour motiver leurs employés, et le personnel de direction, à penser positivement et constructivement. Il est triste de constater que ces fortunes sont dépensées inutilement. Ce genre de rallies et de séminaires, pour remonter le moral et l'enthousiasme, ne produit jamais d'effets durables sur les attitudes et les habitudes de pensée.

Une bonne explication des lois qui gouvernent l'imagination présente beaucoup plus d'avantages pour les affaires en général, le commerce, les entreprises et la société au complet.

Une personne qui a pris conscience du pouvoir qui existe en elle-même, et qui sait qu'elle peut se passer de formule magique et d'incantations pour réussir, n'ira plus aux séminaires de motivation. Cette personne a appris que son esprit est le pouvoir le plus puissant sur la création de son futur. Elle connaît les lois nécessaires pour l'usage bénéfique de ce pouvoir. Elle devient véritablement auto-déterminée, elle se motive elle-même.

Il est inutile de mentionner qu'un tel entraînement, procuré aux enfants, offrirait des avantages démesurés sur une période beaucoup plus longue. Les gens pourront se diriger autrement, en se passant des attitudes négatives et des habitudes de pensée que nous traînons avec nous de la jeunesse jusqu'à l'âge adulte.

Combien il serait plus facile, autant pour les enseignants que les étudiants, de n'avoir qu'à enseigner et à apprendre ce qui est nécessaire, plutôt que de perdre du temps à lutter et à corriger les mauvaises habitudes qui empêchent la réalisation des buts.

Il est évident que l'éducation serait idéale, si elle ne consistait qu'à enseigner des habitudes que l'on n'aurait pas besoin de changer plus tard. Permettons à nos enfants de réaliser le concept que les pensées sont des objets réels. Apprenons-leur qu'elles amènent une réaction directe, et souvent immédiate. C'est de cette façon que nous pouvons obtenir une société de moins en moins attirée vers le chaos. C'est ainsi que la société devient composée de personnes qui savent que la pensée d'aujourd'hui produit les actions et les circonstances de demain. Alors, de telles personnes peuvent être considérées plus saines parce qu'elles réalisent que la pensée est une énergie créatrice, en mouvement. Elles acceptent la responsabilité des circonstances qui se présentent dans leur vie, dans la société et dans le monde.

Quelqu'un a déjà dit que le plus long voyage commence par le premier pas. Nous pouvons maintenant ajouter que **tout ce qui existe commence par une pensée.**

Puisque l'énergie de la pensée est un pouvoir tellement puissant dans l'univers, la personne qui se sert de son imagination doit comprendre que cela doit être fait avec beaucoup de précision. Les pensées que nous émettons prennent une forme matérielle exactement semblable à ce qui a été émis.

* * *

Un jour, une de mes élèves décide d'utiliser les techniques pour trouver un patron, un employeur qui possèdera exactement les qualités qu'elle en attend. Ainsi, elle imagine un homme très viril, très compétent, qui réussit parfaitement dans ses affaires. Selon elle, le succès de cet homme est basé sur le choix d'employés eux-mêmes compétents et efficaces, auxquels il peut offrir un salaire très au-dessus de la moyenne. Elle imagine donc son futur emploi, stable et très bien rémunéré, dans une ambiance réconfortante, puisque l'entreprise a du succès, grâce à un patron d'envergure.

Une semaine plus tard, elle est à son travail, un étranger s'approche de son bureau de secrétaire pour avoir des renseignements. Il se présente. Elle réalise, alors, qu'il s'agit du président d'une entreprise qui représente l'un de leurs plus gros fournisseurs. À plusieurs reprises, déjà, ils ont échangé de la correspondance pour des raisons d'affaires. Il a beaucoup apprécié ses qualités de secrétaire. Il l'invite à dîner. Au cours du repas, il lui confie qu'il vient de perdre sa secrétaire: elle vient d'avoir un enfant. La position est maintenant ouverte. Il a eu l'occasion d'apprécier les qualités de secrétaire de mon élève, et il lui offre la position qui présente de nombreux avantages. Mais voilà, son entreprise est établie dans une ville très éloignée. Elle devra déménager pour profiter de l'offre. Cela lui est impossible, car elle vit avec son mari. Celui-ci est attaché ici par son propre commerce.

Elle s'aperçoit, immédiatement, que ses exercices d'imagination ont produit un effet, mais qu'une erreur a été commise. Elle a oublié de spécifier qu'elle veut cet emploi dans la localité où elle vit actuellement.

Elle a donc rectifié la planification de ses exercices. Un mois plus tard, elle obtenait l'emploi désiré, dans la même ville.

C'est alors qu'elle a décidé que, désormais, elle prendra plus de précautions lorsqu'elle utilisera les techniques.

Je veux, ici, insister sur le fait que l'imagination est beaucoup plus qu'une attitude de pensée positive. Cela implique que des lois naturelles sont responsables de son efficacité. Il devient alors nécessaire d'imaginer les circonstances désirées, exactement comme si elles existent déjà dans la réalité présente.

Ces techniques requièrent que les exercices, contenant les circonstances futures, soient répétés trois à cinq fois par jour, mais au moins trois fois. Cette répétition ajoute du pouvoir à l'énergie de la pensée émise sur le futur liquide. Si vous faites les exercices trois ou quatre fois seulement et que vous cessez, après quelque temps, vous pouvez vous demander: «Qu'est-il arrivé à l'énergie dépensée que j'ai émise?». Lorsque vous cessez la répétition trop tôt, l'énergie que vous avez envoyée s'affaiblit et sera insuffisante pour modeler le futur liquide. Cela explique, peut-être, pourquoi de nombreuses personnes entreprennent ces exercices avec enthousiasme, mais elles cessent très vite, après deux ou trois jours, et ne voient jamais la réalisation de leurs désirs.

Pour terminer, je souligne, pour vous, quelques points importants. Tout d'abord, l'imagination n'est pas un jouet, mais une procédure très valable qui prend ses racines dans la nature du temps et de l'énergie. Il n'y a aucune magie dans un objet ou un ensemble de mots.

Le véritable pouvoir de l'action créatrice se trouve dans l'esprit de chaque personne. Il lui suffit de devenir conscient de la présence de ce pouvoir pour s'en servir avantageusement.

L'énergie de nos pensées prend une forme matérielle correspondant exactement à notre planification. Cette précision dans l'art d'imaginer est particulièrement capitale.

J'ose espérer que le pouvoir d'imaginer deviendra un outil puissant dans la réalisation des buts de votre vie. Vous pourrez, peut-être, montrer ces techniques à vos enfants, et aussi à ceux dont vous avez la responsabilité.

En utilisant votre imagination, pensez-y sérieusement et accordez toute la considération nécessaire aux circonstances que vous désirez amener dans votre vie.

DEUXIÈME PARTIE

LES LOIS DE LA RÉALISATION

Le Nom de Dieu.

Moïse dit alors à Dieu: «Si les enfants d'Israël me demandent quel est ton nom, que leur répondrai-je?»

Dieu dit alors à Moïse: «Je suis celui qui suis.» Et il ajouta: «Voici en quels termes tu t'adresseras aux enfants d'Israël: JE SUIS, m'a envoyé vers vous.» Dieu dit encore à Moïse: «C'est le nom que je porterai à jamais, sous lequel m'invoqueront les générations futures.»

L'observation de ces lois est tellement capitale que j'aimerais vous proposer d'en apprendre la liste par coeur. Les voici:

1° La Concentration
2° L'Imagination
3° Les Exercices
4° La Répétition
5° La Possibilité
6° La Mesure
7° La Dualité
8° La Résonnance
9° Le Tableau
10 °Les Émotions
11° L'Expectative
12° Le Délai

CHAPITRE X

LA CONCENTRATION
Première loi

La concentration est le facteur le plus important du développement de votre pouvoir d'imagination. Grâce à elle, vous pourrez accomplir ce qui semblera être des miracles. Sans elle, vos progrès seront minimes. Vous n'avez aucune raison de douter de votre faculté de développer ce pouvoir si vous suivez les exercices comme ils sont indiqués.

La concentration pourrait être définie comme ceci: l'application de l'attention de tout votre être, durant un certain temps, sur un point central d'intérêt, qu'il soit intérieur ou extérieur, selon le cas. Vous pouvez imaginer un photographe amateur qui prend une photo. Il se concentre, en même temps, sur le sujet et l'objet. Cela inclut la distance, l'éclairage, et surtout obtenir le tout au même moment.

Toute concentration exige la considération de certains détails en même temps qu'une action personnelle. Cela signifie que, pour vous concentrer, vous devez être éveillé. De nombreux experts ont, malheureusement, recommandé une procédure totalement opposée. Ils vous ont, sans doute, demandé de fixer un objet très brillant, en accordant toute votre attention à chacun des moindres détails le concernant, et en chassant toutes les autres idées qui vous viennent à l'esprit, pour appliquer votre effort mental seulement à ce but.

Ceci n'est pas de la concentration. Il s'agit plutôt de fixation: la fixation de l'attention. C'est une voie sans issue. En continuant ce procédé, vous pouvez devenir sensible aux distractions extérieures comme les bruits et les voix qui pénètrent votre somnolence envahissante. Vous avez tendance à vous endormir.

La véritable concentration consiste **à appliquer votre attention à une idée, une pensée,** plutôt qu'à un objet matériel. En faisant cela, vous obtenez la même chose. C'est-à-dire que vous éliminez l'intervention de distractions extérieures en sollicitant toute l'attention de votre esprit profond sur la même idée.

Certains ont comparé la concentration au forage d'un puits de pétrole qui, par un acte très commun en lui-même, permet d'obtenir des résultats excellents.

Souvenez-vous, malgré tout, qu'un entraînement préalable est essentiel pour une concentration efficace. Vous pouvez bien commencer, si vous le voulez absolument, par la simple fixation, avec des résultats épuisants. Mais dans ce cas, vous lui donnez un but et elle prend une signification. Comme premier exercice, cela vous permettra d'apprendre à discerner la différence entre la fixation inutile et l'application de l'attention dans un but.

La concentration est **le résultat d'un entraînement, donc de la répétition d'un geste,** tout comme la natation, ou la conduite automobile.

De nombreux exercices différents auraient pu vous être proposés. Chacun d'eux vous permettrait, sans doute, de développer votre concentration. Mais le fait de vous entraîner dans des piscines différentes n'accélérera pas l'apprentissage de la nage. Dans le cas de la concentration, un seul genre d'exercice sera suffisant au début pour vous donner rapidement d'excellents résultats.

* * *

Exercices

1° Je choisis, pour vous, l'exercice de la montre.

Vous choisissez une horloge, un réveil ou une montre avec une trotteuse, une aiguille qui marque les secondes.

a) Tout d'abord, placez ce cadran de façon à pouvoir l'étudier de près. Ensuite, lisez les instructions qui suivent très attentivement, afin de pouvoir suivre, étape par étape, la direction que vous poursuivez. Placez l'aiguille des minutes à midi, afin qu'elle ne vous dérange pas dans l'observation de l'aiguille des secondes autour du cadran.

b) Attendez que l'aiguille des secondes arrive à midi. Ensuite, suivez son parcourt jusqu'à ce que la fatigue vous fasse penser à autre chose. Dès que vous vous apercevez que vous pensez à autre chose, évaluez immédiatement le nombre de secondes pendant lesquelles votre attention est restée maintenue sur le déplacement de la trotteuse. Votre attention, ce n'est pas la fixation de votre regard, mais de votre pensée.

c) Reposez-vous un peu et recommencez en essayant de rester plus longtemps attentif au déplacement de la trotteuse. Il est fort probable que, même durant la première minute, il vous soit impossible d'empêcher des idées de vous passer par la tête.

d) Répétez cet exercice régulièrement, et vous pourrez remarquer une amélioration constante. Assurez-vous de vous reposer suffisamment et assez souvent. Il ne s'agit pas d'établir un record d'endurance, mais de développer votre pouvoir de concentration. Cet exercice est supérieur à la fixation d'un objet immobile. Le mouvement de l'aiguille entraîne votre attention avec elle, pendant que l'intérêt et la motivation de réussir à compléter la minute, vous encouragent à répéter l'exercice dans les mêmes conditions.

e) Pour développer cette formule un peu plus, accordez votre attention aux secondes elles-mêmes, en comptant mentalement pendant que l'aiguille continue sa course sur le cadran. Cette attention supplémentaire crée plus d'intérêt et encourage la répétition.

f) Limitez votre compte à trente secondes. C'est-à-dire, vous attendez que l'aiguille soit sur midi. À ce moment-là, vous commencez immédiatement à compter mentalement jusqu'à trente, tout en suivant l'aiguille du regard. Au compte de trente, il est possible que l'aiguille soit arrivée sur le six, ou un peu avant, ou un peu après. Si au compte de trente, l'aiguille n'est pas encore sur le six, vous avez donc compté trop vite. Si au compte de trente, l'aiguille a dépassé le six, vous avez compté trop lentement. Donc, en répétant l'exercice, si vous avez été trop lent, vous essayez d'aller plus vite. Et si vous avez été trop vite, vous essayez d'aller plus lentement. Continuez à recommencer l'exercice jusqu'à ce que votre compte de trente coïncide avec l'arrivée de l'aiguille exactement sur le six. Lorsque vous aurez réussi à faire coïncider votre compte mental de trente avec l'arrivée de l'aiguille sur le six, recommencez. Vous devez réussir consécutivement trois fois avant d'entreprendre l'exercice suivant.

g) Lorsque vous aurez réussi, trois fois de suite, à faire coïncider le compte de trente avec l'arrivée de l'aiguille sur le six, prenez une feuille ou un morceau d'étoffe pour cacher le cadran. Attendez que l'aiguille arrive à midi. Immédiatement, en cachant l'écran, commencez à compter jusqu'à trente. En arrivant au compte de trente, découvrez le cadran: l'aiguille doit arriver sur le six en même temps que vous terminez le compte de trente. Si vous avez compté trop vite ou trop lentement, recommencez l'exercice précédent, afin de le réussir trois fois de suite. Alors, vous pourrez recommencer cet exercice en cachant le cadran.

h) Lorsque vous aurez réussi l'exercice G trois fois de suite, vous pourrez alors entreprendre l'exercice F. Mais cette fois-ci, au lieu de le faire sur trente secondes, vous le ferez durer soixante secondes, soit une minute.

i) Lorsque l'exercice F, sur soixante secondes aura été réussi trois fois de suite, vous pourrez passer à l'exercice G sur soixante secondes.

j) Lorsque vous aurez réussi les exercices F et G sur soixante secondes, vous les ferez sur quatre-vingt-dix secondes.

k) Lorsque vous aurez réussi trois fois les exercices F et G sur quatre-vingt-dix secondes, vous les entreprendrez sur deux minutes.

l) Lorsque vous aurez réussi **trois fois de suite** l'exercice K, votre concentration sera suffisante pour entreprendre l'exercice suivant.

2° L'exercice que vous venez de terminer vous a permis de rester sur vos gardes envers ce qui aurait pu vous passer par la tête. Celui qui suit vient compléter avantageusement le précédent. Il vous permettra de compter jusqu'à un nombre tellement élevé qu'il est possible que vous n'ayez jamais compté jusque là...

Cet exercice est pratiqué les yeux fermés.

a) Lentement, comptez mentalement jusqu'à dix: «un, deux, trois, quatre, cinq, six, sept, huit, neuf, dix». Répétez le chiffre dix en commençant à compter par dizaines: «dix, vingt, trente, quarante, cinquante, soixante, soixante-dix, quatre-vingts, quatre-vingt-dix, cent». Répétez cent en commençant à compter par centaines: «cent, deux cents, trois cents, quatre cents, cinq cents, six cents, sept cents, huit cents, neuf cents, mille». Imaginez le nombre mille.

b) Continuez à compter par milliers: «mille, deux mille, trois mille, quatre mille, cinq mille, six mille, sept mille, huit mille, neuf mille, dix mille». Répétez dix mille en commençant à compter par dizaines de mille: «dix mille, vingt mille, trente mille, jusqu'à cent mille». Répétez cent mille en commençant à compter par centaines de mille: «cent mille, deux cents mille, jusqu'à un million». **Mentalement, imaginez** le nombre un million.

c) Maintenant, vous comptez par millions: «un million, deux millions, jusqu'à dix millions». Répétez dix millions en commençant à compter par dizaines de millions: «dix millions, vingt millions, trente millions, quarante millions, jusqu'à cent millions». Répétez cent millions en commençant à compter par centaines de millions: «cent millions, deux cents millions, trois cents millions, jusqu'à un billion. **Imaginez** un billion.

d) Ayant ainsi rejoint le billion, vous pouvez continuer jusqu'au trillion, quadrillion, quintillion, sextillion, septillion, octillion, nonillion, et enfin le décillion, en imaginant à chaque étape le nombre que vous avez atteint.

e) En imaginant le décillion, laissez votre pensée flotter, en mettant ce nombre en kilomètres. Laissez venir à vous les impressions que vous font ces distances, au-delà des planètes et des étoiles, dans l'univers, tellement loin de vous.

Quoique ce compte fantaisiste soit numériquement exact, il va vous permettre de rejoindre le décillion en beaucoup moins de temps que la manière traditionnelle de compter. Donc, il est inutile de vous presser. Après l'avoir essayé quelque fois, vous réaliserez qu'il ne dure que quelques minutes.

Vous êtes, maintenant, prêt pour les exercices d'imagination.

CHAPITRE XI

L'IMAGINATION
Deuxième loi

L'imagination se développe par la concentration. Maintenant que vous avez terminé les exercices de concentration, vous avez franchi la porte de l'imagination. C'est-à-dire que vous pouvez penser en **images mentales.** Habituellement, celles-ci sont occasionnelles et disparaissent presqu'aussitôt. Pour les maintenir, vous avez besoin de vous concentrer.

Les images mentales, c'est un fait reconnu, sont facilement produites par le pouvoir de la suggestion. Il y a maintenant plus de deux siècles, Mesmer l'a prouvé lorsqu'en touchant les membres de son groupe avec une baguette, il leur a permis d'imaginer qu'ils étaient magnétisés au point qu'ils réagissaient comme s'ils recevaient un choc électrique. Grâce à leur croyance en Mesmer, et à son prestige, la réaction de chacun poussait les autres à l'imiter: c'est tout. Le pouvoir de la suggestion est communément démontré lorsque des hypnotiseurs de scène font coller les mains à tout un auditoire de spectateurs. Il ne s'agit pas là d'un pouvoir surnaturel. Il suffit d'une personne pour déclancher la réaction, les autres font le reste elles-mêmes.

* * *

Exercices

1° Afin de créer l'intérêt et de le maintenir, je vous propose l'exercice suivant, en vous servant de vos propres suggestions: c'est-à-dire, l'auto-suggestion.

Lisez attentivement les instructions qui suivent afin de les retenir, étape par étape.

a) Assis confortablement, laissez votre tête pencher légèrement en arrière. Regardez vers le haut, le plus haut possible, en louchant vers le centre du front. Observez la partie du mur ou du plafond sur laquelle tombe votre regard. Fermez les yeux en gardant votre regard dans cette direction.

b) Imaginez une chandelle. Imaginez qu'elle est faite avec du beurre. Imaginez que cette chandelle de beurre n'est pas cylindrique: elle est carrée. Donc, il s'agit d'une longue chandelle carrée, avec quatre faces. La face que vous regardez est graduée. Elle est graduée comme une règle d'écolier, ou un gallon de couturière. Elle est donc ainsi graduée en 50 espaces égaux, du haut jusqu'en bas. Sur la longue chandelle de beurre, apparaissent des traits noirs horizontaux qui se succèdent de haut en bas, à égale distance l'un de l'autre. Dans chaque intervalle, sont inscrits dans le beurre les chiffres de 50 jusqu'à 1. Le chiffre 50 est écrit dans le premier intervalle en haut, 49 dans le second en descendant, puis 48, et ainsi de suite jusqu'au dernier, en bas, où est écrit le chiffre 1. Maintenant, imaginez que tout en haut de la chandelle, la mèche est allumée. La flamme brûle en haut de la chandelle. Mentalement, fixez la flamme pendant qu'elle éclaire en haut de la chandelle.

c) Tout en fixant mentalement la flamme de la chandelle, prenez cinq respirations lentes et profondes.

d) Ensuite, respirez normalement et quand les poumons se vident, dites mentalement 50, en imaginant qu'en vidant les poumons le beurre fond jusqu'à l'intervalle 49.

e) À la respiration suivante, en vidant les poumons, vous dites mentalement 49, et vous imaginez que le beurre fond jusqu'à l'intervalle 48.

f) Pendant le décompte, continuez à fixer mentalement la flamme qui brille, en observant à chaque respiration que le beurre fond en descendant au compte suivant. Vous pouvez imaginer le beurre qui coule de chaque côté de la chandelle.

g) À chaque respiration normale, en vidant les poumons, continuez le décompte. Au compte de 30, vous pouvez imaginer le beurre qui se répand au pied de la chandelle.

h) Au compte de 20, vous commencez à voir une goutte qui descend à chaque compte jusqu'à 10.

i) De 10 jusqu'à 1, la chandelle est tellement courte que vous pouvez déjà apercevoir, autour du pied de la chandelle, une immense flaque de beurre fondu qui commence à se figer sur les bords. Vous comptez déjà plus vite car la chandelle fond rapidement.

j) Au compte de 0, la flamme s'est éteinte et tout devient noir. En gardant les paupières fermées, prenez 5 respirations profondes.

k) Immobile, en gardant les paupières fermées, attendez et observez les idées qui vous viennent en tête, sous formes d'images et d'impressions.

Cet exercice poursuit deux buts en même temps. Il vous permet de laisser s'évanouir les pensées extérieures par la concentration, tout en créant un vide qui aspire les impressions intérieures. La clarté et l'intensité de celles-ci dépendent de chacun, et surtout de la répétition des exercices. Après un certain entraînement, vous pouvez mieux apprécier les avantages de cette technique. Ayant déjà pratiqué les exercices plus simples de concentration, comme le compte mental, vous êtes déjà partiellement conditionné à l'imagination de ce décompte avec le beurre qui fond.

Mais ne vous emballez pas au début. Compter de 50 jusqu'à 0 requiert de l'attention; alors que de le faire coïncider avec chaque intervalle de beurre qui fond, requiert plus de concentration. Et c'est exactement ce que vous recherchez.

Pendant l'exercice, si vous êtes distrait par quoi que ce soit, ne vous forcez pas à revenir en arrière. Contentez-vous, au contraire, de réaliser que votre concentration vous a permis d'arriver jusque là, grâce à votre auto-suggestion; et continuez le décompte. L'important est d'éviter de se faire du souci avec les distractions. Si une distraction arrive, ou si vous sautez un chiffre, ou si vous rencontrez de la difficulté à imaginer, il est important de ne pas s'en soucier et de continuer calmement l'exercice. Les résultats seront les mêmes.

Quoiqu'il arrive, continuez vers votre but. Ce qui est particulièrement important, c'est que les distractions ou les erreurs ne deviennent pas des problèmes. Plutôt que de cesser ou de retourner en arrière, vous devez continuer calmement, sans souci.

Soyez également attentif à ne pas anticiper durant le décompte. C'est-à-dire, ne pensez pas d'avance au compte de 0; n'imaginez pas la chandelle totalement fondue avant que vous y arriviez graduellement. Prenez chaque chose l'une après l'autre, en vous en tenant à la routine prévue.

Naturellement, cela demande de l'entraînement, c'est-à-dire de la répétition. C'est comme si vous imaginez un film de votre propre création.

Prenez le temps, trois à cinq fois par jour, de vous isoler pour relaxer et faire vos exercices.

Évitez surtout d'être impatient. Continuez de répéter cet exercice jusqu'à ce que votre décompte mental, de 50 jusqu'à 0, coïncide avec chaque intervalle de beurre qui fond, jusqu'à l'obscurité totale. Cette répétition peut parfois durer plus qu'une semaine.

Pour des résultats plus rapides durant le décompte, oubliez le but de 0 avec tout le beurre fondu. Concentrez toute votre attention, exclusivement, sur chaque intervalle de beurre l'un après l'autre. Vous arriverez inévitablement jusqu'au but, mais vous vous en rendrez compte seulement lorsque vous y arriverez.

Lorsque vous serez satisfait de votre habileté à faire coïncider le décompte mental avec les intervalles le long de la chandelle de beurre, jusqu'à l'obscurité totale, vous pourrez entreprendre l'exercice suivant.

2° Ce nouvel exercice, quoique très simple lui aussi, se fera dans les mêmes circonstances que le précédent. Installez-vous de la même façon que pour l'exercice d'imagination de la chandelle de beurre qui fond. Puisque cet exercice se fait également les yeux fermés, lisez attentivement les instructions afin de les retenir étape par étape.

a) Dans la position où vous êtes, confortable et détendue, le regard dirigé au travers du centre du front, entre les sourcils et juste au-dessus, vous fixez un endroit à quelques pieds devant vous.

b) Pensez, imaginez que vous êtes dans une pièce en forme de cube, dont les murs sont en vitre. Ainsi, en-dessous, à vos pieds, vous avez le plancher. Au-dessus de vous, assez haut, se trouve le plafond. Grâce aux quatre murs de vitre, vous pouvez voir la lumière à l'extérieur. Cette pièce est installée sur le dessus d'un bateau, au centre de la mer. Donc, la seule chose que vous pouvez observer, de l'endroit où vous êtes, c'est l'horizon avec du ciel à droite, du ciel en arrière, du ciel à gauche et du ciel en avant de vous.

c) Maintenant, pour passer le temps, vous allez, successivement, installer des rideaux de différentes couleurs sur les murs qui vous entourent: tantôt une couleur, tantôt une autre. À chaque fois que vous serez entouré de rideaux d'une couleur, la pièce où vous êtes sera éclairée par la lumière qui vient du dehors. En passant au travers des rideaux, elle éclairera la pièce de la même couleur que les rideaux.

d) Pensez à une tomate. Une belle tomate rouge, bien mûre. Imaginez sa peau lisse et luisante. Imaginez sa forme ronde et pleine. Faites-la bouger et tourner pour l'observer de tous les côtés: dessus et dessous aussi. Observez ce rouge merveilleux. Maintenant, pensez, imaginez que vous installez des rideaux rouges autour de vous. Des rideaux rouges tomate, partout le long des murs, autour de vous. Des rideaux rouges couvrent le mur à droite. Des rideaux rouges en arrière. Des rideaux rouges à gauche. Des rideaux rouges devant. L'air devient rouge partout autour de vous. Et, laissez-vous descendre, vers l'intérieur, en observant les impressions de cette lumière rouge qui vous entoure, qui vous enveloppe, qui vous pénètre, de plus en plus. Laissez-vous imprégner de cette lumière rouge.

e) Très bien. Maintenant, pensez à une orange. Une belle orange bien mûre. Une orange toute ronde et ferme. Observez sa belle couleur orange. Maintenant pensez, imaginez que vous installez des rideaux oranges partout le long des murs autour de vous. Des rideaux oranges à droite, orange en arrière, orange à gauche, orange en avant. L'air devient orange partout autour de vous. Et vous vous laissez descendre vers l'intérieur, en observant les impressions de cette lumière orange qui vous entoure, qui vous enveloppe, qui vous pénètre de plus en plus. Laissez-vous imprégner de cette lumière orange.

f) Très bien. Maintenant, pensez à une belle banane jaune. Une belle banane qui vient de mûrir et qui est toute jaune. Elle est jaune tout autour. Maintenant pensez, imaginez que vous installez des rideaux jaunes partout le long des murs, autour de vous. Des rideaux jaunes à droite, jaunes en arrière, jaunes à gauche et jaunes en avant. L'air devient jaune partout autour de vous. Et vous vous laissez descendre, vers l'intérieur, en observant les impressions de cette lumière jaune qui vous entoure, qui vous enveloppe, qui vous pénètre de plus en plus. Laissez-vous imprégner de cette lumière jaune.

g) Très bien. Maintenant, pensez à un beau gazon vert. Un beau gazon uni et vert: tout vert. Un vert de printemps. Maintenant pensez, imaginez que vous installez des rideaux verts partout le long des murs autour de vous. Des rideaux verts à droite, verts en arrière, verts à gauche et verts en avant. L'air devient vert partout autour de vous. Et vous vous laissez descendre, vers l'intérieur, en observant les impressions de cette lumière verte qui vous entoure, qui vous enveloppe, qui vous pénètre de plus en plus. Laissez-vous imprégner de cette lumière verte.

h) Très bien. Maintenant, pensez à un beau coin de ciel bleu. Un beau ciel tout bleu. Un beau bleu. Maintenant pensez, imaginez que vous installez des rideaux bleus partout le long des murs, autour de vous. Des rideaux bleus à droite, bleus en arrière, bleus à gauche et bleus en avant. L'air devient bleu partout autour de vous. Et vous vous laissez descendre, vers l'intérieur, en observant les impressions de cette lumière bleue qui vous entoure, qui vous enveloppe, qui vous pénètre de plus en plus. Laissez-vous imprégner de cette lumière bleue.

i) Très bien. Maintenant, pensez à une belle aubergine violette. Observez sa forme et surtout sa couleur: ce violet merveilleux. Maintenant pensez, imaginez que vous installez des rideaux violets partout le long des murs, autour de vous. Des rideaux violets à droite, violets en arrière, violets à gauche et violets en avant. L'air devient violet partout autour de vous. Et vous vous laissez descendre, vers l'intérieur, en observant les impressions de cette lumière violette qui vous entoure, qui vous enveloppe, qui vous pénètre de plus en plus. Laissez-vous imprégner de cette lumière violette.

j) Très bien. Maintenant, pensez à un beau bouquet de lilas mauve. De belles grappes de lilas toutes en fleurs. Elles sentent tellement bon, les belles fleurs de lilas mauves. Maintenant pensez, imaginez que vous installez des rideaux mauves partout le long des murs autour de vous. Pendant que le parfum de lilas se répand, lui aussi, partout autour de vous. Vous installez des rideaux mauves à droite, mauves en arrière, mauves à gauche et mauves en avant. L'air devient mauve partout autour de vous, pendant que le parfum des lilas vous monte à la tête. Et vous vous laissez descendre, vers l'intérieur, en observant les impressions de cette lumière mauve qui vous entoure, et de ce parfum qui vous enveloppe, qui vous pénètre de plus en plus. Laissez-vous imprégner de cette lumière mauve.

k) Immobile, en gardant les paupières fermées, attendez et observez les idées qui vous viennent, sous forme d'images et aussi d'impressions.

Cet exercice doit être pratiqué aussi souvent que les autres. L'entraînement à chacun des exercices, développe en vous un nouveau conditionnement que permet le précédent. Et ainsi, graduellement, vous arriverez à réaliser tout ce que vous désirez. Après au moins une semaine de cet exercice, vous pourrez passer au suivant.

CHAPITRE XII

LES EXERCICES
Troisième loi

Vous devez savoir les exercices par cœur. Je vais vous expliquer pourquoi.

Croyez-moi, j'aimerais énormément vous éviter ce travail et cet effort. Cette recommandation s'impose, tout simplement, parce que vous ne pouvez pas pratiquer un exercice les paupières fermées, en suivant les instructions dans le livre que vous avez devant vous.

En fait, deux solutions, s'offrent à vous pour apprendre à exécuter les exercices.

La première: en vous servant de ce livre, vous l'apprenez par cœur, et ensuite vous exécutez graduellement et progressivement chaque exercice que vous savez. Bien sûr, au fur et à mesure, en essayant de réaliser un exercice, vous pouvez bien vous demander si vous agissez correctement, si vous ne faites pas d'erreur. Cet obstacle est presqu'inévitable. Et pourtant, vous avez ici la description aussi précise que possible de chaque exercice. Et vos exercices répétés et successifs, vous permettent déjà des réalisations bien supérieures à ce que vous en attendez.

La deuxième solution est de vous faire guider par un moniteur de nos cours. Encore une fois, c'est un peu comme apprendre à nager. Imaginez que vous voulez apprendre à nager. Vous vous procurez un manuel pratique de natation écrit par le meilleur moniteur connu. Vous lisez tout ce livre. Vous prenez le temps et l'effort d'apprendre par coeur chaque chapitre et chaque exercice. Lorsque vous avez terminé, vous allez à la piscine ou la plage. Et là, en vous mettant dans l'eau, vous réalisez que vous ne savez pas encore nager. La lecture du manuel vous a permis de comprendre les mouvements et l'ensemble de la natation. Votre intérêt s'est peut-être aussi développé. Mais, si vous voulez véritablement nager, vous allez choisir un moniteur dont la compétence est indiscutable. Vous allez lui faire confiance et suivre toutes ses instructions. Durant les cours, vous essayez de reproduire ses instructions, vous suivez ses recommandations et ses conseils.

Ce que j'essaie de vous démontrer ici, c'est que l'usage des pouvoirs de votre subconscient n'est pas uniquement un travail cérébral, comme lire ou compter. **C'est un apprentissage.** Il est vrai que vous ne vous servez pas ici de muscles, comme pour apprendre à marcher, à parler, à écrire ou à nager. Mais, c'est quand même un apprentissage. Le seul fait de comprendre un exercice après en avoir fait la lecture, ne signifie pas que vous pouvez le reproduire automatiquement.

Un de mes bons amis, Henry's, est un funambule de renommée mondiale. Il marche sur un fil suspendu dans les airs. Il a été le champion de la plus longue distance: plusieurs kilomètres. Il a été le champion de la hauteur la plus élevée, entre les sommets de deux montagnes. Il a été le champion de la plus longue durée: plusieurs mois sur son fil. Je l'ai vu. Je l'ai observé. J'ai conversé longuement avec lui. Je crois comprendre parfaitement comment il s'y prend pour se tenir sur le fil sans tomber. Mais je ne sais pas le faire. En essayant de marcher seulement sur le bord du trottoir, après quelques pas, je perds l'équilibre et mon pied se déplace à côté. Malgré le grand savoir que j'ai appris de cet art, il m'est impossible de le pratiquer. Pour y parvenir, je devrais demander à mon ami Henry's, ou à un autre funambule compétent, de me monter comment. Je devrais m'astreindre à un entraînement, un apprentissage.

L'usage des pouvoirs du subconscient exige un apprentissage. La connaissance intellectuelle et la compréhension sont insuffisantes. Tout ce qui concerne le subconscient, le comportement humain, implique un apprentissage, un entraînement, des répétitions. Les pensées sont matérielles et font partie de notre fonctionnement physiologique.

Je pourrais peut-être illustrer ce que vous trouvez dans ce document. Imaginez que je prends un livre dans lequel toutes les pages sont blanches. Je prends une très bonne montre de grande qualité. Je la démonte en pièces détachées. Et là, je colle chacune des pièces en haut de chacune des pages: une pièce par page. En-dessous de chaque pièce, j'écris sur le reste de la page la description de celle-ci, de quel métal elle est faite, comment elle a été fabriquée et usinée, et enfin comment elle s'assemble avec les autres.

Et ainsi de suite, à chaque page, vous voyez une nouvelle pièce avec la description qui s'y rapporte. De temps en temps, vous voyez un dessin expliquant comment les pièces doivent être assemblées ensemble.

Arrivé à la fin du livre, vous avez toutes les pièces de la montre au complet. Vous les connaissez: comment elles sont faites, à quoi elles servent et comment elles s'assemblent entre elles. Il ne vous reste plus qu'à les assembler, une par une. Lorsque vous avez terminé, il vous suffit d'ajuster les aiguilles à l'heure exacte, et vous avez une montre qui donne l'heure chaque fois que vous le désirez.

L'ensemble des formules, des méthodes et des techniques dans ce document, peut se comparer un peu au livre contenant les pièces détachées d'une montre. Imaginez que chaque exercice est une pièce de montre que vous fabriquez. Après quelques répétitions, dès que vous pouvez réussir l'exercice, plusieurs fois, une pièce de montre est terminée. Ainsi, vous avez ici dans ce document, de nombreux exercices qui sont autant de pièces d'une montre. Lorsque vous aurez réussi tous les exercices, vous aurez toutes les pièces de la montre.

Il vous suffira de les assembler pour obtenir tout ce que vous voulez, de la même façon que la montre terminée peut vous indiquer l'heure quand vous le décidez.

Si vous n'êtes pas horloger de métier, il est possible que vous rencontriez quelques difficultés à assembler convenablement les pièces de la montre. Vous devez alors les apporter chez un horloger, compétent et fiable, pour qu'il les assemble parfaitement.

C'est, bien sûr, la même chose avec les exercices que vous apprenez dans ce document. Et, c'est bien normal: vous le comprenez facilement. Il est très rare d'être expert en quelque chose, avant même de commencer. Néanmoins, si vous avez compris la plupart des exercices décrits jusqu'à maintenant, vous avez déjà bien assez de talent et de facultés, pour réussir vous-même à devenir expert, et à parvenir enfin à obtenir tout ce que vous voulez.

CHAPITRE XIII

LA RÉPÉTITION
Quatrième loi

Alors que la loi précédente décrit l'importance de connaître les exercices par coeur, la quatrième loi désigne la nécessité de la répétition. Dans un autre chapitre, nous avons parlé de l'expérience de Pavlov et du conditionnement.

Le conditionnement n'est pas le résultat de la compréhension ou de la mémoire, mais **de la répétition.** Pour scier un morceau de bois, il ne suffit pas de savoir seulement manier la scie. Le seul fait de tirer et pousser la scie une seule fois, de la bonne façon sur le morceau de bois, ne suffit pas à le couper. Vous devez répéter le même geste de nombreuses fois, pour couper le morceau au complet.

La répétition d'un exercice permet de vous améliorer dans son accomplissement. Après plusieurs répétitions, vous engendrez une habitude qui devient un automatisme.

Lorsque l'automatisme est arrivé, vous connaissez vraiment l'exercice.

Pour apprendre à conduire une automobile, après avoir compris l'usage du volant, des freins et de la pédale à essence, grâce au moniteur, vous démarrez le moteur. Vous entreprenez, alors, pour la première fois la conduite d'une automobile. Vous êtes indécis. Vous êtes anxieux. Vous vous préoccupez de chaque détail, et vous commettez des erreurs: c'est tout à fait normal. Un apparentissage consiste, d'abord, à apprendre ce que l'on va faire, et ensuite d'entreprendre l'exécution du geste. Il est inévitable de commettre de nombreuses erreurs. Par la répétition de l'exercice, vous faites de moins en moins d'erreurs. Vous revenez prendre vos leçons de conduite, et d'une fois à l'autre vous conduirez mieux. Après plusieurs leçons, il se passe en vous quelque chose. Graduellement, vous ne pensez plus aux détails et vous accomplissez les gestes automatiquement. À la fin du cours, vous pouvez conduire automatiquement. Il vous suffit de décider où vous voulez aller. Vous déterminez par où vous allez passer. Vous démarrez l'automobile. Automatiquement, vous conduisez en suivant le chemin prévu, jusqu'à destination.

C'est à peu près la même chose pour le contrôle du subconscient.

Lorsque vous avez compris et appris un exercice, vous vous installez pour le faire. Vous le faites au complet, et il est possible que vous commettiez des erreurs: c'est même inévitable. Mais, d'une répétition à l'autre, vous commettez de moins en moins d'erreurs, jusqu'au moment où il devient automatique, et à ce moment-là, vous savez que vous connaissez cet exercice.

Comme dans l'exemple de la montre, lorsque vous connaissez un exercice, c'est comme si une pièce de montre est terminée. Vous pouvez commencer à en fabriquer une autre. Vous pouvez passer à l'apprentissage d'un autre exercice.

Il est totalement inutile de vous inquiéter si vous commettez un erreur. Sachez que vous êtes totalement normal. Personne ne réussit un exercice la première fois. Seules les répétitions permettent d'acquérir l'habitude qui engendre l'automatisme. En continuant simplement à répéter l'exercice, malgré vous, vous ferez de moins en moins d'erreurs. À ce moment, seules les répétitions amènent l'automatisme. En répétant tel que prévu, malgré vous, vous obtenez l'automatisme. C'est ainsi que la répétition, à elle seule, prend une aussi grande importance pour faire le sujet de cette quatrième loi.

CHAPITRE XIV

LA POSSIBILITÉ
Cinquième loi

Cette cinquième loi désigne l'importance de choisir un but dont la réalisation est possible. Elle indique la nécessité que ce que vous désirez corresponde à quelque chose dont vous avez besoin.

Immédiatement, je vous entends vous écrier: «À quoi cela sert-il de développer mon subconscient, si je ne peux obtenir que des choses qu'il est déjà possible d'obtenir avec ce que je sais faire maintenant?»

Très bien. Je vais essayer de démontrer la véritable importance de cette loi. Comme vous l'avez vu, elle désigne deux choses: le besoin, et la possibilité d'obtenir satisfaction à ce besoin.

Commençons par le besoin. Dans un chapitre précédent, je vous ai expliqué la loi de gravité universelle: cette loi d'attraction qui augmente quand les choses se ressemblent.

La loi d'attraction s'exerce particulièrement entre un besoin et l'objet qui peut le satisfaire. Le besoin est une sorte de moule magnétique qui attire à lui l'objet qui va le combler. Ceci est une loi. Donc, si vous avez déjà une paire de chaussures, il est inutile de vous servir du subconscient pour en obtenir une autre. À moins que cette fois, vous désiriez un autre genre de chaussures: des souliers d'hiver, des chaussures de marche, ou de sport, ou bien des chaussures pour la maison, etc... Si vous avez déjà une automobile, il est inutile de vous servir du subconscient pour en obtenir une autre, à moins que vous en ayez besoin pour votre conjoint, ou votre frère, ou votre associé, etc...

Si vous avez déjà un emploi, il est inutile de vous servir du subconscient, à moins pour que ce soit pour en avoir un meilleur. Si vous êtes maigre comme un clou, il est inutile de vous servir du subconscient pour maigrir. Si vous êtes déjà marié, il est inutile de vous servir du subconscient pour avoir un conjoint additionnel.

Mais, si vous dirigez une entreprise qui emploie cinq cents ouvriers, et que vous avez besoin d'emprunter un montant important à la banque, ou à un investisseur, pour réaliser un contrat plus considérable que d'habitude, vous pouvez vous servir de votre subconscient.

Vous devez identifier un besoin, quelqu'il soit, pour obtenir des résultats de votre travail subconscient.

Je crois que ces exemples vous ont permis de comprendre la loi du besoin.

Maintenant, passons à la deuxième facette de cette loi: **la possibilité.**

Ce que vous demandez, à votre subconscient, de vous procurer, doit correspondre à votre niveau de pouvoir vous en servir. Il est bien évident que si vous pouvez échanger un vieux meuble dont vous ne voulez plus, contre un nouveau meuble que vous désirez, il serait stupide de faire appel à votre subconscient pour cela.

* * *

Un de mes élèves, âgé d'une quarantaine d'années, était venu me voir pour un problème d'alcoolisme. Bien sûr, ce problème avait, à son origine, des causes multiples et profondes. Mais en même temps, cet alcoolisme avait créé dans sa vie un ensemble de circonstances vraiment malheureuses. Privé de ses parents très jeune, son manque d'instruction ne lui a pas permis d'obtenir des emplois importants. Son besoin d'alcool l'a poussé à aller travailler dans les débits de boisson. Et c'est là que, comme laveur de vaisselle, il peut se procurer dans les fonds de verres et de bouteilles, ce qu'il recherche le plus. Bien entendu, chaque fois qu'il est surpris en train de boire, il risque de se faire renvoyer. Il a ainsi évolué, d'emploi en emploi, sans réussir à se faire des amis durables qui auraient pu l'orienter autrement. Il est célibataire. Il arrive, un soir, en me montrant une offre d'emploi qu'il a découpée dans un journal. Il s'agit d'un poste de gérant général dans un grand magasin de la ville. Il me demande s'il peut se servir de son subconscient pour obtenir cet emploi. Je lui réponds que, bien sûr, le subconscient peut tout. Mais, en supposant qu'il s'applique à faire les exercices, cela lui prendra plus longtemps pour arriver à ses fins. Durant cette longue période, il est possible que le magasin trouve un autre candidat au poste de gérant. Mais, supposons que, malgré tout, après une très longue période d'exercices, il obtient ce poste. C'est vraiment possible. Mais alors, qu'arrivera-t-il? Il possède une expérience d'une vingtaine d'années comme laveur de vaisselle, et tout-à-coup, il est gérant d'un grand magasin. Peut-être que, pendant un jour ou deux, ou même une semaine, il va réussir à faire croire qu'il a la compétence, à sa secrétaire, à ses gérants de départements, à ses acheteurs, à ses fournisseurs, à ses comptables et au conseil d'administration. De toute façon, très rapidement, il deviendra évident aux personnes concernées qu'il ne possède ni l'expérience, ni la connaissance, ni la compétence nécessaires pour conserver ce poste. Devant cette constatation, pour le bien-être du magasin, de tous les employés et de tous les actionnaires, ses supérieurs se verront dans l'obligation de le renvoyer. Il aura été totalement inutile de faire appel au subconscient pour obtenir ce poste.

Je ne peux ici, vous décrire que des exemples dans lesquels la possibilité n'existe pas, car elle est présente pour tout le reste. C'est à vous d'utiliser votre discernement lorsque vous choisissez votre but.

Si par exemple, une maman a été opérée et ne peut plus concevoir d'enfant, il lui est inutile de faire appel au subconscient pour en avoir un. Elle peut essayer d'en adopter, mais la possibilité de concevoir est absente.

Donc, même s'il est rare que cette possibilité soit absente, vous pouvez comprendre qu'il existe, quand même, quelques cas où elle est totalement nulle.

En général, lorsque se présente le besoin, vous pouvez être assuré que la possibilité existe quelque part. Mais il est quand même nécessaire de devenir conscient du besoin et de la possibilité avant de commencer les exercices.

Vous devez également vous fier à votre capacité. Est-ce qu'il vous viendrait à l'esprit de demander à un enfant de cinq ans de conduire un train de voyageurs? Bien sûr que non. Encore moins de piloter un avion. Alors, soyez indulgent envers vous-même. Il est préférable, au début, de choisir un objectif, un but qui entre dans votre sphère de possibilités.

Je regrette d'être obligé de mentionner que, si vous êtes descendu tellement bas dans votre sphère de possession, si vous n'avez ni emploi, ni logement, ni nourriture, et que les vêtements que vous portez sont les seuls que vous avez, si vous êtes nouveau dans cette ville et que vous ne connaissez personne: le contrôle du subconscient n'est pas fait pour vous. C'est un entraînement qui prend un certain temps. Et, avant de mourir de faim ou de froid, il serait préférable de faire appel aux méthodes traditionnelles pour obtenir ce dont vous avez besoin.

J'aurais souhaité pouvoir éviter de dire cela. Mais il faut aussi admettre l'existence des lois physiques, car elles sont aussi réelles que les lois du subconscient: elles ne se remplacent pas. Si la lecture de ce document vous trouve à un moment d'extrême nécessité, soyez raisonnable et acceptez l'aide du gouvernement pour une assistance immédiate. Orientez également vos recherches vers les diverses églises et mouvements variés qui pourront immédiatement vous aider. Ils existent depuis de nombreuses années, et ils peuvent vous aider en attendant que vous puissiez le faire vous-même.

Lorsque vous aurez solutionné vos besoins immédiats, alors revenez à la lecture de ce document.

Heureusement, peu d'entre nous en sont rendus à cette extrémité. Encore une fois, avant de terminer cette section, je précise qu'il n'est pas nécessaire que ce soit vous, personnellement, qui ayez un besoin. Il suffit que ce soit un besoin qui existe pour quelqu'un. Si, par exemple, un village au complet manque d'eau, même si vous n'êtes pas de ce village, vous pouvez faire appel à votre subconscient pour trouver une solution à ce problème. Mais bien sûr, il est inutile d'insister sur l'élément sacré que représente la vie privée de quelqu'un. Attendez d'être sollicité. Il en est de même pour la «possibilité». Votre expérience humaine vous guidera dans ces circonstances. Utilisez vos intuitions intérieures et votre gros bon sens.

CHAPITRE XV

LA MESURE
Sixième loi

Avant d'obtenir ce que l'on veut, il faut d'abord **savoir ce que l'on veut.**

Alors que la loi précédente indique vos besoins et ce qui est possible à l'intérieur de votre sphère de disponibilité, la sixième loi gouverne la mesure, la limite. En un mot, non seulement il faut savoir ce que vous voulez, mais il faut le savoir exactement. Vous devez délimiter ce que vous désirez. Voulez-vous des pommes, ou bien deux livres de pommes? Est-ce deux livres de pommes, ou deux livres de petites pommes douces?

Un des outils importants du contrôle subconscient est l'imagination. Alors, ou bien vous imaginez un sac de pommes de cinquante livres, ou bien un petit panier de deux livres. Vous pouvez les voir tous les deux, ou l'un sans l'autre. Votre action subconsciente ira chercher pour vous ce que vous avez choisi d'imaginer.

Est-ce une voiture que vous voulez? Est-ce n'importe quelle marque de voiture? Est-ce une voiture neuve ou usagée? Doit-elle avoir quatre portes ou seulement deux? La préférez-vous rouge, ou bien bleue?

Vous vous rendez compte, actuellement, que pour imaginer ce que vous voulez, vous devez d'abord savoir ce que vous voulez. Lorsque vous imaginez, il peut vous venir à l'idée une voiture bleue, mais si vous en préférez une rouge, changez immédiatement l'image que vous avez en tête. Si cette image représente une voiture à deux portes et que vous en voulez quatre, il vous est aussi facile d'imaginer une voiture à quatre portes qu'à deux portes.

Il est simplement nécessaire que ce que vous imaginez corresponde à ce que vous voulez.

Voulez-vous faire un voyage? Avez-vous deux ou quatre semaines de vacances? Préférez-vous la plage en plein soleil au bord de la mer? Ou bien aimez-vous mieux faire du ski pendant vos vacances? Aimez-vous l'aventure du camping, ou bien le confort de l'hôtel? Préférez-vous un pays étranger où l'on ne parle pas votre langue? Ou bien aimez-vous mieux rendre visite à des parents éloignés?

Quel que soit ce que vous voulez obtenir de votre subconscient, afin de l'imaginer, vous devez établir l'image de la mesure de ce qui correspond à votre désir: la quantité, la longueur, la durée, la couleur, le poids, le nombre, etc...

Cette loi signifie que vous devez déterminer la limite de ce que vous demandez. **Cela ne veut pas dire que vous êtes limité dans un sens restrictif, mais dans un sens mesurable.**

Lorsque vous allez à la banque pour emprunter, si vous demandez simplement de l'argent, le caissier est obligé de vous demander quel montant vous voulez avoir. Tant que vous ne dites pas cent dollars ou mille dollars, il est dans l'impossibilité d'agir. C'est vous qui demandez. C'est à vous de délimiter ce que vous demandez.

Tous les exemples qui sont utilisés pour illustrer la loi de la mesure, ne sont offerts que dans ce but. Souvenez-vous toujours que si vous pouvez obtenir ce que vous recherchez par les moyens physiques traditionnels, il est parfaitement inutile de perdre votre temps et votre énergie à essayer subconsciemment. Utilisez les exercices pour un autre but qui ne vous est pas accessible autrement que par le contrôle subconscient.

Méfiez-vous, car en utilisant ces lois et ces techniques, vous pouvez avoir des résultats beaucoup plus vite que vous ne vous y attendez.

Il y a plus d'une vingtaine d'années, j'avais besoin d'une automobile, et je ne pouvais pas m'en payer une. Après une semaine d'exercices, j'en avais déjà trois: trois voitures usagées mais en bon état de marche. C'est un beau résultat, bien sûr. Mais il aurait été plus intelligent d'imaginer une seule voiture, neuve de préférence, que n'importe quelle voiture. Derrière mon logement, j'ai de la place pour stationner une voiture seulement, les deux autres ont dû être laissées dans la rue. J'ai dû payer pour l'enregistrement et les assurances de ces deux voitures inutiles, sans compter quelques centaines de dollars en contraventions pour stationnement trop prolongé sur le bord du trottoir, avant de leur trouver des acquéreurs.

Avant d'entreprendre les exercices pour arriver à un but quelconque, imaginez avec précision chaque détail de votre objectif. C'est la loi de la mesure.

CHAPITRE XVI

LA DUALITÉ
Septième loi

Au fur et à mesure que nous avançons, le chemin devient de plus en plus étroit, mais aussi de plus en plus précis.

Chacune des lois qui vous sont présentées est une étape. Connaissant votre objectif, votre but, analysez-le en fonction de chaque loi, l'une après l'autre.

Cette septième loi, la dualité, peut paraître subtile, mais elle a quand même sa part d'importance. Elle réfère à l'énergie. C'est une loi de physique qui dit que l'énergie ne peut ni se créer, ni se détruire: l'énergie se transforme.

Donc, lorsque vous obtiendrez la réalisation de votre but, celui-ci sera de l'énergie: qu'il soit objet, personnage ou circonstance. Il consiste d'énergie. Ainsi, cette énergie, qui devient l'objet que vous désirez, possédait auparavant une autre forme qui est maintenant disparue.

En d'autres mots, la réalisation de votre but entraîne la disparition de quelque chose. Cette disparition vous est peut-être nuisible, ou bien elle vous est indifférente. Si elle vous est nuisible, vous devez alors repenser à votre but et vous demander si l'obtention de cet objectif vaut le prix de ce qui va vous nuire. Bien entendu, si les circonstances disparues vous sont indifférentes, passez à la loi suivante.

La plupart d'entre nous se servent d'une couverture pour dormir. Celle-ci a deux côtés. Avez-vous réalisé que vous utilisez un seul côté de la couverture? Si cela ne vous ennuie pas d'utiliser un seul côté, alors continuez.

Lorsque vous êtes chez vous, et que vous voulez aller dans la rue, il est nécessaire de sortir de votre logement. Il est impossible d'être dans la rue et dans le logement en même temps.

La loi de la dualité implique que la réalisation de ce que vous désirez entraîne obligatoirement la disparition de quelque chose.

C'est ainsi que vous connaissez peut-être, vous aussi, des personnes qui désirent continuellement avoir de l'argent. Mais, au fur et à mesure qu'elles en reçoivent, elles le dépensent et le dispersent, si bien qu'il ne leur en reste plus. Elles continuent à en demander en se plaignant qu'elles n'ont jamais ce qu'elles veulent: de l'argent.

* * *

Un de mes élèves travaillait dans une grande entreprise de distribution d'aliments. L'avenir, pour lui était prometteur. L'emploi était stable et offrait de la sécurité, mais le salaire n'était pas élevé. Sa femme travaillait, occasionnellement, trois jours par semaine, dans un magasin du quartier, pour aider à boucler le budget. Elle faisait garder ses enfants par une voisine qui, elle-même, en avait déjà trois, et aussi une soeur plus jeune qui demeurait chez elle pour l'aider aux travaux ménagers. Donc, lorsque sa femme travaillait, leurs deux enfants étaient confiés à cette voisine. Il décida d'entreprendre des exercices pour obtenir une promotion. Il imagine obtenir un poste plus élevé, avec plus de responsabilité, mais aussi et surtout une augmentation de salaire. Trois semaines plus tard, il est appelé dans le bureau du vice-président. Après quelques échanges au sujet des activités en général, le vice-président lui révèle que le poste de direction d'un autre département va être vacant, et il souhaiterait que mon élève accepte ce nouveau défi, cette promotion. Surpris d'abord, dans l'excitation du moment, mon élève lui répond qu'il va réfléchir, qu'il est intéressé, qu'il désire accepter. Il veut seulement s'assurer de son remplacement au poste qu'il occupe déjà. Le vice-président le rassure en lui disant que le département du personnel s'en occupe. Alors, le cerveau enfièvré, mon élève accepte la promotion à ce nouveau poste, et retourne à son bureau pour faire ses préparatifs de transfert. Chemin faisant, les idées lui galopent dans la tête à une allure vertigineuse. Il lui apparaît tout-à-coup qu'il connaît la personne qu'il va remplacer. En fait, c'est presqu'un ami. C'est précisément le mari de la voisine qui garde ses enfants pendant que sa femme travaille. Arrivé à son bureau, il téléphone immédiatement à cet ami, et lui demande banalement de ses nouvelles. C'est alors qu'il apprend que celui-ci vient d'avoir une promotion. L'entreprise a ouvert une succursale dans une ville éloignée. C'est lui qui va la diriger. La compagnie s'occupe de son futur logement et de son déménagement. En raccrochant l'appareil téléphonique, mon élève réalise, tout à coup, que sa femme va perdre sa voisine, chez qui elle faisait garder les enfants gratuitement. Maintenant, le coût d'une gardienne correspond à plus de la moitié du salaire que fait sa femme. Donc, la voisine une fois partie, sa femme devra cesser de travailler pour s'occuper, elle-même, des enfants à la maison.

Il s'est servi de son subconscient pour obtenir une promotion. Il obtient une augmentation de salaire de cinquante dollars par semaine. Mais sa femme qui gagnait cent dollars ne travaillera plus. Donc, pour résumer, leur revenu hebdomadaire, au lieu d'augmenter de cinquante dollars, va baisser de cinquante dollars.

Lorsque mon élève a établi le programme de ce qu'il désirait, il aurait dû s'arrêter un instant, et considérer attentivement la loi de la dualité. C'est-à-dire, il aurait dû envisager un but qui n'aurait pas entraîné des circonstances opposées à ce qu'il désirait. Il m'assure que, grâce à cette erreur, il se souviendra longtemps de la septième loi: la dualité.

Vous êtes, sans doute, sur le point de me dire que ceci est, tout simplement, du gros bon sens, il n'est point besoin d'être Einstein pour se rendre compte du bien-fondé de cette loi. Il n'y a là rien de mystérieux, de miraculeux ou de génial. N'importe qui, en poursuivant un but, ne chercherait pas à se créer des ennuis.

C'est vrai, vous avez raison. Il s'agit de quelque chose de très simple. N'importe qui peut le faire: même vous. Alors, la prochaine fois que vous attarderez avec des amis, ne soyez pas surpris de la mauvaise humeur de votre femme, si vous ne l'avez pas prévenue de votre retard éventuel. Vous vouliez que vos amis vous invitent à cette célébration entre hommes seulement: avez-vous pensé avant de le désirer, que pendant que vous seriez là, vous ne seriez pas chez vous? Si vous devez être absent toute la soirée, votre femme s'en apercevra. Si elle n'est même pas prévenue, comment peut-elle être d'accord? De toute façon, elle est inquiète. Ou bien, avait-elle prévu une sortie pour vous deux, ou alors, elle aurait bien pu inviter quelqu'un pour vous faire une surprise. Avant de désirer être invité à cette célébration, avez-vous pensé à toutes ces possibilités? Il est également probable que votre femme n'avait rien prévu pour ce soir-là et qu'elle vous aurait dit: «Vas-y mon bonhomme et amuse-toi bien». Mais il est toujours préférable, lorsque vous désirez quelque chose, de prévoir tout ce que cela peut entraîner de bon, et peut-être de mauvais. C'est la loi de la dualité.

CHAPITRE XVII

LA RÉSONANCE
Huitième loi

La huitième loi, la résonance, identifie le genre de rapport qui existe entre le conscient et le subconscient. Notre langage conscient traite des symboles: des mots ayant une signification. Notre langage subconscient traite essentiellement des mémoires d'images, de sons, d'odeurs, de goûts, de touchers et de mouvements.

Imaginez que l'intérieur de votre crâne est divisé en deux chambres: l'une en avant et l'autre en arrière. Elles sont séparées par une grande cloison qui a la particularité de résoner en traduisant un langage de symboles en langage sensoriel, et vice-versa.

Lorsque j'écris la lettre **T,** vos yeux voient la lettre **T**. La lettre **T** se promène le long du nerf optique, des yeux jusqu'à la cloison de résonance, entre les deux chambres là-haut. En cognant contre la cloison, la lettre **T** la fait résoner, mais aucune image précise ne remonte du subconscient. Ensuite, j'écris la lettre **O,** ce qui fait **TO.** Encore une fois, ces lettres vont frapper contre la cloison de résonance, mais rien de particulier ne monte à la surface du subconscient: cela ne vous dit rien du tout. Mais, si j'ajoute les lettres **M.A.T.E.S.,** ce qui donne **TOMATES,** ces lettres, mises ensemble, forment un mot. Ce mot se promène le long du nerf optique, de vos yeux jusqu'à la cloison de résonance. Lorsque cet ensemble de lettres cogne contre la cloison, automatiquement, le subconscient vous envoie l'image d'une tomate: peut-être l'image d'une tomate rouge, peut-être aussi l'image d'une tomate tranchée en salade, ou alors un jus de tomate, et ensuite tout ce que peut faire monter en vous le mot «tomate». Toutes les perceptions qui réfèrent au mot «tomate»: l'image d'une tomate, la couleur d'une tomate, le goût d'une tomate, la tendresse d'une tomate juteuse, etc...

Donc, la cloison de résonance a reçu un ensemble de lettres anonymes et les a transformées en mémoires de perceptions de la réalité.

En recevant un symbole, la cloison de résonance évoque les images, goûts, etc... que représente ce symbole, ce mot.

Cette cloison résonne dans les deux sens. Elle peut transformer un mot symbolique en images réelles, et elle peut aussi transformer une image réelle en un mot symbolique.

Un de mes petits-fils n'a que trois ans, et sa cloison de résonance fonctionne déjà. Je prends une tomate, je la mets sur la table. En la montrant du doigt, je lui demande: «Qu'est-ce que c'est?». Il me répond: «C'est une tomate».

Ses yeux ont vu la tomate. L'image de la tomate s'est promenée le long du nerf optique, des yeux jusqu'à la cloison. Lorsque l'image a cogné sur la cloison, le subconscient a envoyé le mot **«tomate»**.

Vous trouvez sans doute la chose trop facile, trop enfantine. Vous me direz, peut-être, qu'il n'y a rien de sorcier là-dedans. Quand on voit que c'est une tomate, on l'appelle: une tomate.

Vous avez sans doute raison. Mais, si mon petit-fils était né en Russie, et ne comprenait que le russe, il n'aurait certainement pas répondu: «tomate».

Ainsi, toutes nos perceptions, tout ce que nous voyons, ce que nous entendons, etc... est traduit en mots. Un mot peut se dire ou s'écrire. C'est un symbole qui facilite l'échange, la communication. L'ensemble de ces symboles s'appelle le langage. Notre cerveau, consciemment, est habitué à penser dans notre langue maternelle, la plupart du temps. Lorsque vous recevez un chèque, écrit à votre nom, et indiquant plusieurs dizaines de milliers de dollars, l'émotion que vous ressentez est peut-être assez forte. Elle serait beaucoup moins forte si ce chèque était fait au nom de quelqu'un d'autre. Et pourtant, ces lettres, écrites sur le chèque, forment un nom. Ce nom, c'est le vôtre. Ou plutôt, ce sont des symboles qui vous identifient. Mais, ces deux mots que sont votre prénom et votre nom, ils ne respirent pas. Ils ne mangent pas. Ils ne ressentent ni douleur, ni désir. Ce sont seulement des traces d'encre sur un morceau de papier. Ce sont des symboles. Les mots sont des symboles. Une langue est formée d'un ensemble de symboles. Chacun de ces symboles désigne une image, un son, une odeur, etc...

Afin d'appliquer la huitième loi, la résonance, dans vos exercices, **vous devez transformer les mots qui désignent votre but en images, en sons, etc...**

Par exemple, lorsque vous voulez une automobile, il est inutile de dire: «Je veux une automobile,» ou même de voir le mot: **A.U.T.O.M.O.B.I.L.E.** Vous devez imaginer, voir mentalement l'automobile de votre choix: sa longueur, sa forme, sa couleur, sa largeur, les pare-chocs, les portes, les vitres. Vous devez presqu'entendre le son des portes quand elles se ferment, le son du moteur qui démarre. Vous devez imaginer cette odeur de peinture et de graisse que l'on sent en entrant dans une voiture neuve, l'odeur des coussins aussi. Vous devez sentir la forme du volant dans vos mains, et aussi le confort du siège quand vous vous asseyez dessus.

En préparant vos exercices, vous devez transformer le mot «automobile» en une réalité mentale d'images, de sons, d'odeurs, etc... Faites participer le plus grand nombre possible de vos sens.

Votre subconscient ne pense pas en mots, il pense en perceptions sensorielles: images, sons, etc...

Représentez-vous l'objet de vos désirs, ou les circonstances que vous recherchez, avec tous les sens possibles.

C'est ce que signifie la loi de résonance.

De conception consciente en forme de mots, votre désir doit être transformé en un langage que comprend le subconscient: images, sons, etc...

Croyez-moi. Ceci est très simple. Mais, ne commettez pas l'erreur de négliger cette loi, car elle est indispensable à la réalisation de ce que vous voulez.

CHAPITRE XVIII

LE TABLEAU
Neuvième loi

Voici la neuvième loi. Quel que soit le but que vous avez choisi, le tableau va travailler pour vous en silence. Votre but peut concerner une influence personnelle sur quelqu'un que vous aimez. Cela peut aussi être un objet matériel que vous désirez obtenir. Lorsque votre but concerne votre santé, votre premier devoir est d'aller voir un médecin dans ce cas. Pour les buts qui peuvent être atteints grâce aux moyens physiques traditionnels, il est inutile de faire appel au subconscient. Le médecin est un homme comme un autre. Pour vous aider, il fait appel à toute sa connaissance, sa compétence selon sa conscience professionnelle. Après avoir vu le médecin, vous suivez ses recommandations. Et alors, alors seulement, vous pouvez faire appel au subconscient. Le médecin n'est pas nécessairement un «Bon Dieu». Il accomplit sa tâche et vous, vous faites la vôtre. Vous pouvez alors utiliser les pouvoirs de votre subconscient pour retrouver la santé le plus vite possible.

Alors, que votre but soit votre santé, une personne que vous aimez, ou bien un objet matériel, votre tableau est indispensable. Voilà de quoi il s'agit.

Vous prenez un carton d'environ deux pieds de hauteur sur trois pieds de longueur. Vous le mettez sur un mur, dans votre chambre à coucher, ou dans un corridor, ou dans la cuisine: à votre choix. Mais, il est préférable que personne ne le voit. **La loi du silence est sacrée en ce qui concerne les travaux du subconscient.** Ne dites jamais à personne ce que vous faites. Ne dévoilez à personne le but que vous poursuivez.

Si vous devez absolument installer le tableau dans un endroit où il sera vu, préparez-vous une réponse au cas où quelqu'un vous poserait des questions sur ce que vous faites. Dites quelque chose qui est vrai, mais ne dévoilez jamais le secret: votre but. Vous pouvez dire, par exemple, que vous poursuivez une expérience d'observation et que vous pourrez en parler lorsque vous saurez ce qu'il y a à observer.

Supposons que votre tableau est installé et qu'on ne vous pose plus de question à son sujet.

Depuis que vous avez choisi votre but, il vous arrive fréquemment d'y penser, dans la journée. À chaque fois que cela arrive, **réfléchissez pour savoir quelle est la chose qui vous y a fait penser.**

* * *

Je vais choisir un exemple personnel, cette fois-ci, pour illustrer l'usage du tableau. Pour différentes raisons, je voulais aller faire un voyage sur la Côte d'Azur, au bord de la mer Méditerranée: Cannes, Nice, Monte Carlo... À dire vrai, il s'agissait bien sûr d'y trouver de l'agrément. Mais, j'avais trois choses importantes à y faire. Je voulais assister au Festival International du Livre, où était présenté un volume que j'ai écrit précédemment: «LE PARANORMAL, C'EST QUOI?». Je voulais aller visiter, à quelques kilomètres de Nice, une petite pyramide, qui, paraît-il, avait été construite par des Templiers à l'époque des croisades. Et enfin, j'aurais aimé rencontrer un personnage qui a, semble-t-il, rencontré des extra-terrestres. Comme vous le voyez, j'avais de nombreuses raisons de faire ce voyage à ce moment-là.

Ayant étudié mon projet à la lumière des lois précédentes, arrivé à la neuvième loi, celle du tableau, je recouvre celui-ci d'une grande feuille de papier d'emballage, pour qu'on ne voit rien d'autre dessus. À chaque fois que je penserai à mon voyage, j'observerai ce qui m'y a fait penser et, si c'est possible, je me procurerai cet objet et je le mettrai sur le tableau.

Alors on commence. Je descends de chez moi pour aller travailler. En sortant dehors, tout à coup, je pense à mon voyage. Je regarde autour de moi pour voir ce qui m'y a fait penser. C'est le lilas qui est en fleur près de la porte. Je m'approche. Je cueille un tout petit grappillon de fleurs de lilas que je mets dans ma poche. Ce soir, je le collerai sur mon tableau.

Dans le métro, tout à coup, je pense à mon voyage. En y réfléchissant, ce sont deux femmes qui parlent en italien. Ce sont elles qui m'y ont fait penser, mais je ne peux les emporter pour les clouer sur mon tableau. Alors, je continue.

Arrivé dans l'édifice où se trouve mon bureau, je suis en bas, et j'attends l'ascenseur. Tout à coup, je pense à mon voyage. Je me demande pourquoi. Près de moi, dans un grand cendrier, il y a du sable. C'est peut-être le sable qui m'a fait penser à la plage. Je prends une pincée de sable que je glisse dans une enveloppe. Ce soir, je mettrai un peu de colle sur le tableau et je collerai le sable dessus. J'entre dans l'ascenseur. Arrivé à l'étage, en sortant, je passe près d'une grande corbeille à papier. Je pense à mon voyage. Pourquoi? Je regarde dans la corbeille: il y a une enveloppe vide qui est venue par avion et sur laquelle apparaît un timbre étranger. Celui-ci, peut-être, m'a fait penser à mon voyage. Je le prends dans ma poche pour le coller sur mon tableau, ce soir.

En arrivant chez moi, à la fin de la journée, j'ai déjà trois choses à coller sur mon tableau: un grappillon de fleurs de lilas, une pincée de sable et un timbre étranger déchiré d'une enveloppe «par avion».

Puisque chacun de ces objets, sans que je le recherche, a réveillé dans mon subconscient, l'idée du but que je recherche (mon voyage), je les place sur mon tableau. Ainsi, chaque fois que je passerai devant mon tableau, même sans y accorder intentionnellement mon attention, les objets qui sont dessus rejoindront mon subconscient, à mon insu, pour lui rappeler de faire son travail et de me procurer le voyage.

Et j'ai continué, pendant une semaine, à récolter les objets qui me faisaient penser à mon voyage. Je me suis arrêté quand le tableau était plein. Croyez-le si vous voulez: il y avait même une pince de homard. Un soir, assis dans un restaurant, je mangeais du spaghetti avec un ami. Tout à coup, je pense à mon voyage. Je regarde autour de moi pour déceler ce qui aurait pu susciter cette idée: à la table voisine, des clients viennent de se lever pour partir, mais elle n'est pas encore débarrassée. L'un d'entre eux a mangé du homard, et c'est la vue de la pince, sur le bord de l'assiette, qui m'a fait penser à mon voyage. Je prends la pince et je l'enveloppe dans une serviette de papier. Ensuite, j'ai demandé un sac de papier à la serveuse, et j'ai emporté ma pince de homard pour la clouer sur mon tableau.

Vous vous demandez, peut-être maintenant, si j'ai fait mon voyage.

Il est vrai que je n'ai pas seulement fait le tableau. Je me suis appliqué à observer toutes les lois, et à faire tous les exercices.

Trois semaines plus tard, un ami de Québec vient me rendre visite. Il est dans les affaires. Au cours de notre repas d'amitié, il me confie que les affaires ont été bonnes, pour lui, durant l'année comptable qui se termine; à tel point que pour équilibrer son budget, ses dépenses et ses impôts, il devrait faire un voyage. Celui-ci peut, aussi, devenir un voyage d'agrément. Malheureusement, sa femme est peu aventureuse, et elle préfère rester à la maison pour s'occuper des enfants. Il me demande si j'accepterais, pendant quatre semaines, de faire un voyage à Paris et sur la Côte d'Azur. Il n'a jamais vu ces endroits, et il ne veut pas y aller seul. De toute façon, le budget est prévu: c'est lui qui s'occupe de toutes les dépenses.

Croyez-moi, je n'avais pas prévu un budget pour faire ce voyage. Malgré mon désir, il ne représente pas une nécessité vitale. En entreprenant les exercices, je n'ai aucune idée préconçue à savoir par où et comment je pourrais me voir offrir un tel voyage. Je sais seulement que je le désire. Il ne me vient même pas à l'idée de craindre de ne pas le faire. Même en ne le faisant pas, je ne perdrais rien du tout. Mais, je me suis quand même trouvé des bonnes raisons (besoins) pour le faire.

Je profite de ces lignes pour remercier cet ami encore une fois. D'ailleurs, avant que naisse notre amitié, il avait déjà commencé à suivre les cours, lui-même. Je le remercie aussi d'avoir su suivre ses intuitions et ses impulsions, d'avoir eu la gentillesse de me faire cette offre. Il est vrai, une fois de plus, qu'un sceptique endurci peut vous parler de hasard et de coïncidence. Personnellement, j'accepte l'hypothèse du hasard et de la coïncidence en continuant à souhaiter qu'ils se présentent chaque fois que je ferai appel aux pouvoirs secrets du subconscient.

> Donc, en résumé, je me répète. Vous placez votre tableau sur un mur devant lequel vous passez plusieurs fois par jour. Chaque fois que vous penserez à votre but, cherchez l'objet qui vous a donné cette idée. Lorsque vous l'avez découvert, si c'est possible, apportez-le chez vous et fixez-le sur votre tableau.

CHAPITRE XIX

LES ÉMOTIONS
Dixième loi

La dixième loi concerne les émotions. Celle-ci joue, également, un rôle capital dans la réalisation de ce que vous imaginez. Méfiez-vous de ce que je suis en train de vous confier. Ici, je ne vous parle pas de ce que vous savez déjà sur le rôle des émotions dans les attitudes et la pensée positive. Encore une fois, je réfère à une mécanique, à une technique, une méthode, une formule. La façon dont se passent les choses se moque pas mal de votre opinion. Je ne vous parle donc pas d'opinion, mais d'observations scientifiques.

J'explique. Vous avez, sans doute, déjà lu, ou entendu dire que vous devez entretenir des émotions positives, que vous devez conserver une attitude positive. Je voudrais vous convaincre, ici, que les émotions négatives, que les attitudes négatives sont aussi puissantes et obtiennent autant d'effets que les attitudes et les émotions positives.

Il ne s'agit pas du tout de négatif ou de positif. Il ne s'agit pas du tout que l'émotion soit agréable ou désagréable. Il s'agit seulement **de l'intensité et de la répétition d'une émotion** envers ce que l'on imagine, envers une image mentale.

* * *

Un jour, une de mes élèves sortait régulièrement avec un jeune homme. Elle espérait que cela se terminerait par le mariage. Afin de s'en assurer, elle entreprend donc les exercices pour que son ami se décide rapidement au mariage. Pendant une semaine, deux semaines, trois semaines, elle pratique ses exercices trois fois par jour. Au cours de la quatrième semaine, elle sollicite une consultation. Elle se décide à prendre un rendez-vous pour venir me voir. Et elle me confie ce qu'elle faisait. Je l'encourage et lui demande pourquoi elle est venue me voir.

Avec des larmes dans les yeux, et des sanglots dans la voix, elle m'annonce qu'après une semaine sans avoir de nouvelles de son ami, elle l'a enfin rencontré. Elle a manifesté son mécontentement, et en colère elle lui a lancé: «Tu devrais au moins avoir le courage de me dire que tu ne veux plus m'épouser!» À cela, il lui a répondu: «C'est vrai, tu as raison, je n'avais pas le courage de te dire que je suis pas encore sûr de vouloir me marier. J'ai peur.»

J'attends qu'elle se console un peu. Je lui demande de m'expliquer, lentement, de me dire comment elle fait ses exercices. Elle m'explique tout ce qu'elle fait durant l'exercice. Au moment d'imaginer, elle se voit avec lui, la main dans la main, à l'église en train de se marier. Je lui demande si elle se sent heureuse lorsqu'elle imagine ce passage. D'une façon banale, elle me répond: «Oui, bien sûr, je me sens heureuse comme n'importe qui pendant son mariage.»

C'est alors que je lui demande si, le reste de la journée, elle pense à son mariage. Encore une fois, elle éclate en sanglots. Elle me raconte les tourments qu'elle traverse. Elle pense à lui tout le temps. Elle le voit partout. Elle se sent continuellement malheureuse. Elle ne dort plus la nuit, tellement elle a peur de ne plus le voir. Durant tous ces moments de douleur et de tourments déchirants, elle s'imagine qu'il préfère ne pas se marier, elle s'imagine, qu'encore une fois, comme les autres, il va la laisser tomber, elle va rester seule. Elle est en même temps déçue, insultée, frustrée et fâchée. Elle lui imagine toutes sortes de défauts et de mauvaises intentions.

Tranquillement, avec de nombreuses précautions, j'essaie de lui faire réaliser que son subconscient est toujours aussi puissant. Elle a imaginé les défauts et les mauvaises intentions. Elle a imaginé qu'il pouvait la laisser tomber, comme les autres. Elle a imaginé qu'il ne voulait pas encore l'épouser. Avec toutes ces images, elle a entretenu des émotions tellement fortes qu'elle ne pouvait plus ni manger, ni dormir. Comme résultat, en moins de trois semaines, avec seulement ses images et les émotions qu'elle a développées, elle apprend qu'il n'est pas encore sûr s'il veut l'épouser. Avant que commence ces dernières trois semaines, ils vivaient tous les deux un bonheur serein depuis une dizaine de mois: il lui avait déjà promis le mariage, mais sans mentionner de date. Cette histoire vécue vous démontre que vous pouvez obtenir un résultat opposé à ce que vous désirez si vous utilisez des émotions sur des images opposées à votre désir.

Lorsque l'émotion qui vous envahit accompagne une image mentale opposée à ce que vous voulez, cessez immédiatement. Reprogrammez vos exercices.

> Le désir et la peur font autant d'effets l'un que l'autre: c'est ce que vous imaginez qui se réalisera.
>
> C'est l'intensité de l'émotion, et non pas sa nature, qui est importante.

Si vous avez peur d'avoir un accident en automobile, il y a de grandes chances que vous en ayez un. Si vous avez peur de rater un examen, il est fort probable que cela arrivera. Si vous avez fait voeux de pauvreté et que vous avez peur de devenir riche, la richesse est pour vous le chemin de l'enfer. En vous couchant le soir, vous tremblez de peur en imaginant que vous pourriez, tout à coup, être riche. Vous courez le risque de devenir très riche et très rapidement. Si la peur d'être riche est plus forte que le désir d'être pauvre: vous serez riche. Au contraire, si la peur d'être pauvre est plus forte que le désir d'être riche: vous serez pauvre. C'est l'émotion ressentie le plus fortement et le plus fréquemment qui accomplit ce qui est imaginé en même temps.

* * *

Pour terminer, je vous offre un dernier exemple. Imaginez que vous posez par terre, sur le trottoir, une planche d'un pied (30 cm) de largeur et de deux cents pieds (60 m) de longueur. Placez-vous debout à une extrémité et entreprenez de parcourir toute la distance de deux cents pieds, en marchant seulement sur la planche et sans mettre un pied à côté. Il est fort probable que vous parviendrez sans difficulté à l'autre bout de la planche de deux cents pieds. Vous pouvez même faire une halte à mi-chemin, et rester debout et immobile pendant plusieurs minutes avant de continuer. Maintenant, imaginez que l'on fait installer une passerelle, au-dessus de la rue, allant du toit d'une maison sur celui qui est de l'autre côté. Cette passerelle, elle-aussi, a un pied de largeur. Elle est très solide. Pour vous rendre d'un toit à l'autre, vous devez parcourir environ deux cents pieds. La passerelle traverse dans les airs à une hauteur de cinquante pieds (15 m). Dans ces circonstances, la plupart des gens refusent de s'aventurer sur la passerelle, de peur de tomber en bas. Si on utilise la force ou la menace, ou si pour une autre raison, une personne sans expérience entreprend cette traversée, il est possible qu'elle puisse parcourir quelques pas. Ensuite, elle se mettra peut-être à quatre pattes. Ou bien elle reviendra sur ses pas. Mais, si elle continue à avancer, les statistiques démontrent que, dans la majorité des cas, elle perdra l'équilibre et tombera en bas. Que s'est-il passé? Elle avait, bien sûr, le désir de parvenir sur l'autre toit. Mais en même temps, elle était habitée d'une émotion plus forte: la peur de tomber en bas. Elle se voyait déjà en train de tomber dans le vide. Cette image, alimentée par l'émotion de la peur, l'a faite tomber dans le vide.

C'est l'image qui est alimentée par l'émotion la plus forte qui se réalise.

Pour conclure, lorsque vous créez l'image d'un but, assurez-vous de lui associer l'émotion d'un désir suffisamment puissant. Lorsque se présente à vous une image opposée à ce que vous désirez, accompagnée d'une anxiété, d'une crainte, d'une peur, d'une émotion assez forte, efforcez-vous de la faire disparaître.

Pour y parvenir, appliquez-vous à prendre conscience de la réalité de chaque détail de l'ensemble qui a fait naître cette crainte. La plupart du temps, une crainte est associée à quelque chose que l'on ne sait pas encore. Une crainte est plus souvent issue de la mémoire confuse d'un incident qui, par le passé, nous a causé de la souffrance physique ou une émotion douloureuse. En considérant, attentivement, les faits actuels tels qu'ils sont, vous avez beaucoup de chances de voir se réduire, et même disparaître vos craintes. Aussitôt, imaginez les circonstances telles que vous voulez les voir se manifester, et concentrez-vous uniquement sur tout le plaisir que cette réalisation vous apportera.

> L'imagination est une énergie mentale. La peur et le désir sont des énergies émotionnelles. L'énergie émotionnelle associée avec l'énergie mentale, avec suffisamment d'intensité, produit l'énergie cinétique. L'énergie cinétique est celle qui participe à vos mouvements automatiques, vos réflexes, votre comportement, votre conduite vers ce que vous désirez, et ce que vous craignez.
>
> Vous êtes libre de continuer à obéir passivement aux pensées et aux émotions qui vous parviennent automatiquement, à votre insu.
>
> Vous êtes, également, libre de choisir les pensées, les images et les émotions que vous préférez voir arriver dans votre existence.

CHAPITRE XX

L'EXPECTATIVE
Onzième loi

La onzième loi que l'on pourrait aussi appeler «le suspense de l'expectative» consiste à «faire comme si».

Un jour, à la fin du printemps, le curé d'un village, lisant son bréviaire, se promenait sur le bord du chemin. Il admirait, de temps en temps, les champs alentours. Les cultivateurs avaient beaucoup travaillé. Le soleil était très chaud. Il n'y avait pas eu de pluie depuis presque deux mois. La terre commençait à craquer, à se fendre sous le soleil. Le ciel s'était affublé d'un bleu permanent: aucun nuage à l'horizon. Au détour du chemin, il rencontre l'un de ses paroissiens, Joseph. Celui-ci, en inclinant la tête, soulève son chapeau de la main:

«Bonjour, monsieur le curé!
— Bonjour, mon fils, lui répond le curé, que fais-tu sur le chemin par un après-midi si brûlant? Es-tu en retard pour le déjeuner?

— Bien non, monsieur le curé. J'ai déjà mangé. Je suis seulement allé jusqu'à la Croix du Calvaire, à la croisée des chemins.

— Et qu'es-tu allé faire au Calvaire, aujourd'hui, lui demande le curé.

— Bien..., c'est pour faire une prière, monsieur le curé.

— Ton geste m'emplit de joie, dit le curé. Et, pourquoi as-tu prié, mon bon Joseph?

— Monsieur le curé a bien vu, avec la sécheresse que nous avons, je suis allé prier le Bon Dieu, pour lui demander de nous envoyer de la pluie. Il est mieux de nous donner quelques bonnes averses, sinon la récolte sera maigre cette année.

— C'est bien, cela, mon brave Joseph, de prier pour avoir de la pluie. Mais, dis-moi, lorsque tu vas ainsi prier, est-ce que tu crois vraiment que la pluie viendra?

— Bien..., Je ne sais pas. Peut-être que oui, monsieur le curé, répond Joseph un peu embarrassé par la question.

— Alors, mon bon Joseph, si tu crois vraiment que le Bon Dieu t'enverra de la pluie quand tu lui en demandes, pourquoi n'as-tu pas emporté ton parapluie avec toi?...»

Je ne sais pas si Joseph a vraiment compris la leçon. Il y a une morale à retirer de la dernière question du curé.

Cette historiette illustre à merveille la onzième loi: «faire comme si», ou «le suspense de l'expectative».

Avant de partir de chez lui, pour aller prier au Calvaire, si Joseph se préparait vraiment à avoir de la pluie, en réponse à sa demande, il aurait sûrement emporté un parapluie. Son expectative de la pluie aurait suscité en lui l'idée de prendre un parapluie.

L'expectative, c'est s'attendre à quelque chose, savoir que cela va arriver. La femme qui est enceinte attend, avec une émotion plus ou moins intense, l'arrivée du bébé: elle est dans l'expectative. À l'approche de Noël, avec une émotion plus ou moins intense, les enfants s'attendent à recevoir des cadeaux: ils sont dans l'expectative.

C'est une sorte de suspense qui suscite un climat émotionnel, parfois fébrile, en imaginant les circonstances qui vont arriver.

Le suspense de l'expectative nous fait agir «comme si» les circonstances vont arriver. Il n'existe aucun doute à cet effet: bien au contraire. La future maman prépare la chambre et le lit du bébé, la décoration des murs, les rideaux. Elle s'affaire à rassembler des vêtements qui correspondent aux besoins du bébé. Elle se procure les accessoires nécessaires à la préparation des bouteilles de lait. En un mot: «elle fait comme si». Elle pose des gestes, des actes en vue des circonstances qui vont se présenter.

À l'approche de Noël, l'enfant pense aux cadeaux qu'il aimerait recevoir. Certains parents poussent même le jeu jusqu'à faire écrire des lettres au Père Noël, ou à un autre personnage distributeur de cadeaux. La veille de Noël, l'enfant sera peut-être plus nerveux, mais aussi, peut-être, plus docile. Selon la coutume, il placera ses souliers près de la cheminée, ou au pied du sapin. Dans l'expectative de recevoir des cadeaux, il exécutera tous les gestes qui lui seront suggérés. Certains parents le savent si bien que l'on entend parfois: «Si tu n'es pas obéissant, le Père Noël sera triste et ne t'apportera pas de cadeau».

Ne souriez pas. Je sais que vous n'avez jamais dit une chose pareille. Mais, peut-être l'avez-vous déjà entendu dire. De toute façon, cette phrase démontre que la maman sait très bien que, dans l'expectative de recevoir des cadeaux, l'enfant «fera comme si» cela était vrai, et obéira à ce qui lui est dit.

De la même façon, si vous avez choisi d'obtenir un voyage, vous devez poser des gestes «comme si» l'offre de voyage va vous être faite d'un moment à l'autre. S'il s'agit d'un voyage à l'étranger, informez-vous des démarches qui seront nécessaires au sujet du passeport et des visas. Afin de prévoir les vêtements que vous emporterez, informez-vous auprès d'une agence de voyage du climat dans le pays que vous avez choisi, à l'époque où vous voulez y aller. Vous pouvez même prévoir comment vous préviendrez votre employeur et votre propriétaire, de votre absence. Vérifiez si votre valise est en bon état, ou alors si vous devez en emprunter ou en acheter une autre. Faites la liste des choses que vous devrez emporter avec vous. Vous pouvez aussi dresser une liste des personnes auxquelles vous enverrez des cartes postales. Etc...

Je suspends, ici, la description de ce que vous pouvez «faire comme si», dans «l'expectative» de la réalisation inévitable de ce que vous voulez. Je suis convaincu que vous avez compris. Il ne s'agit pas, nécessairement, de dépenser de l'argent, mais de l'énergie. Il s'agit de poser des gestes, des actes auxquels vous pouvez penser lorsque vous savez que ce que vous avez désiré va arriver.

J'étais sur le point de vous souligner que l'énergie ne fabrique pas des miracles. Je voulais vous dire que, par exemple, si ce soir vous faites des exercices pour avoir une piscine derrière votre maison, ne vous attendez pas à vous réveiller le lendemain en trouvant une piscine à cet endroit. Et pourtant, je dois retirer ce que je viens de dire. À de nombreuses occasions, l'énergie a pu se manifester avec tant de rapidité que cela tient presque du miracle.

* * *

Un de mes élèves s'était servi des exercices pour obtenir une petite maison à un prix et à des termes qui ne dépassaient pas ce qui lui en coûtait pour payer son loyer mensuel. Il est devenu propriétaire d'une petite maison coquette, qui correspond parfaitement à ses besoins et au genre de maison qu'il recherchait. Un seul détail vient pourtant obscurcir son bonheur. Il aurait aimé la maison peinte toute en blanc, à l'extérieur. Mais pour le moment, il n'a pas suffisamment d'argent à consacrer pour faire repeindre l'extérieur de la maison. Elle est toute recouverte d'une sale couleur jaune à vous en faire vomir. Les murs, les portes, les gouttières et le toit: tout est peint en jaune.

Puisqu'il venait d'obtenir son but, et qu'aucun autre désir ne l'habitait pour le moment, il continuait, durant ses exercices quotidiens à imaginer sa maison telle qu'il l'avait prévue: peinte en blanc. Moins d'une semaine plus tard, en revenant du travail, il s'arrête stupéfait, devant sa maison: elle est toute blanche. Il se frotte les yeux, pour être sûr qu'il ne rêve pas. Mais non: il ne rêve pas. La maison a été peinte en blanc. À la fin de son souper, il a le fin mot de l'histoire. Il reçoit la visite de son voisin. Les ouvriers de l'entrepreneur en peinture se sont trompés de maison. Le voisin avait donné l'ordre de faire peindre sa maison en blanc. Les ouvriers ont mal compris l'adresse écrite sur la commande que leur a remis le patron. Ou bien, le patron a-t-il mal écrit l'adresse. Ce qui est certain, c'est que la maison du voisin n'a pas été peinte, et devra l'être si le patron veut être payé. Mon élève, de son côté, n'a rien demandé à personne parce qu'il n'en a pas les moyens. D'autre part, personne ne peut lui reprendre la belle peinture blanche qui recouvre sa maison, tel qu'il l'avait désiré.

La réalisation des circonstances que vous recherchez ne doit présenter aucun doute. La seule façon de faire évanouir un doute qui vient de naître, est de poser des gestes, quotidiennement, en vue des circonstances que vous avez souhaitées.

Si vous avez choisi de faire disparaître l'obésité qui vous accable, pensez à votre future garde-robe. Préparez-vous à vous procurer des vêtements dont vous aurez besoin à ce moment-là. Il est possible que votre menu quotidien, lui aussi, changera. Feuilletez les magazines pour trouver une coiffure qui conviendra à votre nouveau visage. Songez à ce que vous pourrez faire des vêtements que vous portiez quand vous étiez obèse. Faites la liste des amis que vous irez voir pour paraître avec votre nouvelle taille. Prévoyez, également, les nouvelles activités auxquelles vous pourrez participer mais que vous évitiez auparavant, par gêne et crainte du ridicule. Pensez aux personnes que vous connaissez, et qui sont obèses comme vous l'étiez. Peut-être pourrez-vous leur rendre service en leur expliquant comment vous êtes parvenu à maigrir. Préparez-vous des réponses que vous pourrez donner lorsque quelqu'un vous fera des remarques flatteuses au sujet de votre nouvelle taille. Peut-être même alors que des hommes vous feront des avances auxquelles vous n'êtes pas habituée. Renseignez-vous et préparez les réponses et la stratégie que vous voulez à ce moment-là.

Si vous êtes à l'hôpital, ou retenu assis dans une chaise par l'arthrite, pensez à tout ce que vous pourrez faire, lorsque vous pourrez marcher. Vous pouvez aider votre docteur en faisant les exercices pour observer la onzième loi: «le suspense de l'expectative», «faire comme si». Vous devez dépenser de l'énergie (mentale ou autre) envers le but que vous recherchez. Faites la liste des parents et des amis que vous pourrez aller visiter. Également, pensez à toutes les activités que vous pourrez entreprendre. Préparez un emploi du temps, un programme. Au fur et à mesure que vous poserez des gestes orientés vers votre but, les idées vous viendront, et vous poserez d'autres gestes qui animeront l'énergie de votre but. Ces gestes ne doivent pas être posés pour réaliser votre but. L'idée de ces gestes vous vient quand vous savez que, puisque vous l'avez décidé, les circonstances de votre but vont arriver. Ce sont ces gestes-là qu'il faut poser.

«Faire comme si», dans «l'expectative» de ce qui va arriver.

CHAPITRE XXI

LE DÉLAI
Douzième loi

Lorsque vous faites vos exercices régulièrement et de la bonne façon, vous pouvez commencer à voir des résultats entre sept et trente jours après le début des exercices.

La douzième loi, le délai, est importante pour plusieurs raisons. La première, c'est que **vous ne devez pas fixer de délai.** C'est-à-dire, au début, le facteur «temps» est celui sur lequel vous avez le moins de contrôle. J'ai dit au début: plus tard, vous verrez bien.

Ensuite, vous ne pouvez poursuivre qu'un seul but à la fois. C'est-à-dire, un but envers lequel vous vous servez des exercices. Il est nécessaire de poursuivre les exercices envers un seul but à la fois. Il est impossible de réaliser un but si vous faites vos exercices envers plusieurs buts à la fois. Il est totalement inutile d'entreprendre les exercices à des fins semblables.

Comprenons-nous bien, il ne s'agit pas de l'apprentissage, mais de l'usage des exercices. Quand on dit que vous pouvez conduire une automobile en deux heures de Montréal à Québec, cela ne veut pas dire que vous avez appris à conduire en deux heures. L'apprentissage des exercices peut durer environ un mois. Lorsque vous pratiquez les exercices vers un but, celui-ci peut arriver dans les trente jours qui suivent.

Avant d'utiliser les exercices dans un but, vous devez apprendre chaque exercice et savoir le faire sans hésitation, de la bonne façon du début à la fin.

Lorsque vous saurez faire vos exercices, et seulement lorsque vous saurez les faire, cela vous prendra de sept à trente jours pour réaliser votre but. Ce délai est influencé, bien souvent, par la complexité et l'ampleur de ce que vous désirez. Avant de penser à la loi du délai, vous devez respecter les autres lois. Si vous voulez maigrir de cent livres en un mois, peut-être avez-vous négligé l'observation d'une des lois. Alors, deux alternatives sont possibles: ou bien vous n'atteindrez pas ce but, ou bien vous nuirez terriblement à votre santé. Dans ce cas, vous n'aurez pas du tout suivi les lois.

Une considération, infiniment importante, est justement de ne pas penser à ce délai. Le but que vous recherchez est exactement cela: un but que vous recherchez, donc que vous n'avez pas. Également, n'ayez aucune crainte au sujet de l'opposé de votre but. Vous n'avez aucune idée de ce qui arriverait si votre but ne se réalisait pas. Si, le moindrement, vous pensez à ce qui pourrait arriver dans l'éventualité où votre but ne se réaliserait pas, vous détruisez totalement votre but. Votre énergie alimente alors le but que vous ne voulez pas, plutôt que le but recherché.

Le temps, c'est de l'énergie, ou plutôt, **la façon dont vous utilisez votre temps.**

Les pensées, les images mentales, les émotions et gestes que vous posez sont tous, sans exception, des énergies employées à la réalisation éventuelle des circonstances qui correspondent.

Tout ce qui arrive dans votre vie, tout ce qui est arrivé jusqu'à aujourd'hui, est le résultat de pensées, d'images mentales (imagination) inondées d'émotions et suivies de gestes. Pour attirer à vous des circonstances correspondant à vos choix, les lois, les formules, les méthodes et les techniques que vous trouvez dans ce document ont été sélectionnées et décrites, tout simplement par ce qu'elles participent à tout ce qui vous est déjà arrivé.

* * *

Pendant longtemps, les hommes ne savaient pas faire pousser du blé. Un jour, un sage, un ermite, immobile au pied de son arbre, a vu tomber un grain de blé sur le sol. Peut-être un oiseau l'avait-il échappé. Il ne l'a pas quitté des yeux. Après plusieurs jours, alors que le grain de blé commençait à pourrir, il vit lentement poindre un germe. Par la suite, graduellement, des petits fils de racines se sont répandus dans le sol pendant qu'une tige se dirigeait vers le ciel. Après plusieurs mois, à l'extrémité de la tige, le soleil fit mûrir un épi doré, plein et lourd. Si lourd que, sous le vent et la pluie de l'automne, la tige s'est pliée jusqu'au sol, et les grains de l'épi se sont répandus. Et le cycle a recommencé: les graines ont pourri, les germes sont apparus, etc...

L'ermite, l'homme venait de découvrir que l'on peut rassembler du grain et le semer sur une surface choisie, à une époque appropriée, pour obtenir une récolte. C'était un véritable miracle. Il peut, lui, l'homme, jeter quelques poignées de grains sur un sol labouré et obtenir un plein sac de blé. Bien sûr, il doit attendre d'une saison à l'autre pour récolter. Il y a un délai entre les semences et la récolte. La Bible, livre de sagesse très ancien, vous dit déjà:

«Il y a le moment pour tout, et un temps pour tout faire sous le ciel..., un temps pour planter, et un temps pour arracher le plant...»

Et même, je pourrais ajouter:

«Il y a un temps pour souhaiter, et un temps pour récolter les circonstances que l'on a souhaitées.»

Je pourrais même dire que ce délai est nécessaire pour s'assurer que les résultats soient suffisamment perfectionnés, avec une finition admirable, pour correspondre à une réalisation digne du **contrôle de l'esprit.**

Que pouvez-vous penser d'un voisin qui, chaque soir, déterre ses plants de tomates pour voir si les racines prennent bien dans le sol. Nous savons, tous les deux, que, bien vite, ses plants vont mourir, et qu'il n'aura pas de tomate. Pour avoir des belles tomates, il faut continuer à arroser et à enlever les mauvaises herbes, en attendant qu'arrivent les fleurs et les tomates.

Pour bien réussir son but, il faut continuer à arroser ce que l'on a imaginé avec des émotions, et arracher les doutes qui peuvent pousser, en attendant qu'apparaissent les prémices de la réalisation des circonstances prévues.

Si vous avez vraiment un besoin urgent de tomates, le véritable miracle serait de rencontrer un jardinier qui en a trop, et ne peut plus les vendre avant qu'elles pourrissent. Il vous permettrait, pour un prix dérisoire, de cueillir la quantité de tomates que vous pourrez emporter.

TROISIÈME PARTIE

EXEMPLES D'APPLICATIONS PRATIQUES

L'Ecclésiaste

«Il y a un moment pour tout et
un temps pour toutes choses sous le ciel:
un temps pour enfanter et
un temps pour mourir
un temps pour planter et
un temps pour arracher le plant
un temps pour tuer et
un temps pour guérir
un temps pour saper et
un temps pour bâtir»

Les exercices de parapsychanalyse sont applicables à toutes les situations possibles et imaginables, dans tous les domaines de l'activité humaine. Il me sera impossible de tous les décrire. Néanmoins, afin de vous aider à structurer vos propres exercices vers le but que vous recherchez, je décrirai maintenant quelques exemples. Mais, vous devez toujours adapter, selon votre cas particulier.

Souvenez-vous, encore une fois. Il est totalement inutile de commencer à vous servir de vos exercices si vous n'êtes pas parfaitement entraîné, et si vous ne savez pas les exécuter automatiquement.

Ensuite, avant de décider d'incorporer un but dans vos exercices, étudiez-le attentivement à la clarté de chacune des lois.

Lorsque vous pourrez faire vos exercices automatiquement, choisissez-vous un but. Étudiez-le et analysez-le en prènant chaque loi, une par une, de la première à la dernière. Enfin, vous pourrez vous guider, sur l'un des exemples qui suivent, pour créer les images de vos exercices.

CHAPITRE XXII

L'ÉLÈVE ET L'ÉTUDIANT
Pour réussir dans les études

Le devoir d'état d'un élève ou d'un étudiant peut être décrit assez rapidement. Il doit se lever tous les matins. Après les ablutions et le petit déjeuner, il doit se rendre à l'établissement scolaire où il est inscrit. Aux heures assignées, il doit assister aux cours. Et là, commence le plus important. Durant chaque cours, il doit être attentif, pour retenir le plus possible, l'exposé de son professeur. Différentes procédures pédagogiques sont prévues pour l'aider à enregistrer et mémoriser les matières qu'on lui enseigne. Celles-ci sont variées. Les élèves sont nombreux et différents. Périodiquement, l'élève subit des examens pour évaluer sa faculté de retenir les matières étudiées. Les examens sont utilisés également pour sélectionner les meilleurs éléments, et éventuellement éliminer ceux qui ne pourront pas poursuivre leurs études.

Donc, ce que l'on attend de l'étudiant, c'est qu'il parvienne à retenir les matières étudiées. Tous les procédés pédagogiques utilisés, requièrent surtout de lui de la compréhension et de la mémoire. Il s'agit donc surtout, ici, d'un travail mental. Conséquemment, le travail d'un élève ou d'un étudiant est un domaine où les exercices de parapsychanalyse permettent des résultats le plus rapidement. Néanmoins, comme dans les autres cas, il faut d'abord commencer par l'entraînement aux exercices. Lorsque l'élève sera parfaitement conditionné aux exercices et qu'il pourra les pratiquer automatiquement, il sera prêt. Grâce à l'exercice de concentration, il pourra être conditionné à se recueillir pendant cinq minutes avant et après chaque cours.

* * *

Exercice

a) L'imagination qui devra être programmée dans l'exercice est la suivante: «Ceci est le moment le plus important de ma vie. Durant toute la période du cours, mon attention sera accordée, exclusivement au professeur et au cours. Mon attention sera totalement inaccessible aux distractions, quelles qu'elles soient». L'élève pourra ainsi, dès le début du cours, développer un intérêt grandissant, en imaginant qu'il est seul avec le professeur, dans la classe. Il pourra suivre et comprendre beaucoup mieux ce dont il est question. Il pourra, par la suite, s'en souvenir facilement, chaque fois qu'il en aura besoin.

b) Le cours terminé, il fait un autre exercice de concentration pour que tout ce qui s'est passé durant le cours se remémore comme un film, du début jusqu'à la fin du cours. Mais ce film se déroule à une vitesse vertigineuse: une heure de cours peut se réviser en une minute de concentration. Cette deuxième période de concentration, permet de clore un cycle d'étude. Cette période est désormais classée subconsciemment, et sera disponible chaque fois qu'il en aura besoin.

c) Le même procédé sera utilisé pour toutes les autres périodes d'étude, en classe ou ailleurs. Il comprend un exercice de concentration au début et à la fin de chaque période d'étude. Ce procédé sera également utilisé, lors des examens.

C'est comme si chaque exercice de concentration représente une porte. Au début de la période d'études, il entre par cette porte dans une partie de son cerveau spécialisée pour étudier. Et à la fin de la période, il sort par la même porte.

L'exercice de conditionnement à la concentration est l'un des premiers à être présenté dans ce document. C'est tout simplement pour vous permettre, à vous-même, de l'étudier et d'en retirer le plus possible.

Quel que soit son potentiel, l'usage des exercices permettra à l'étudiant de réaliser des progrès spectaculaires et d'arriver à une réussite légitime, en dépensant beaucoup moins d'efforts.

CHAPITRE XXIII

LE SPORTIF
Pour se perfectionner

Le cas du sportif est différent de celui de l'étudiant. Le sport est une activité physique, qui requiert de la force, de la souplesse, de la coordination musculaire, donc de l'énergie physique. L'utilisation des exercices lui permettra d'améliorer chacune de ses qualités, ainsi que le sport qui le concerne.

Il y quelques années, l'usage d'exercices de concentration a permis à l'équipe suisse de ski de gagner le championnat olympique.

Pour illustrer, je vais choisir un sport, apparemment simple: le bowling. En vous présentant les exercices qui suivent, je présume que vous connaissez ce sport et que vous l'avez déjà pratiqué. Il consiste à se placer à l'extrémité d'une allée, avec une boule à la main. À l'autre extrémité, plusieurs quilles, disposées en triangle, se tiennent debout. L'objectif est de renverser toutes les quilles en faisant rouler la boule vers elles. Dans ce cas, le sportif devra faire un exercice de cinq minutes, avant de jouer, et un autre après. Il devra également faire un exercice plus long chez lui, hors de l'endroit où il pratique son sport.

* * *

Exercice

a) L'exercice à la maison sera répété trois fois par jour. Il dure une demi-heure. Il consiste à commencer par les exercices de concentration, et le reste de la demi-heure, il imagine mentalement qu'il est en train de jouer. Il s'imagine qu'il est debout, à l'extrémité de l'allée. Il se prépare à lancer. Maintenant, il imagine toutes les quilles qui tombent. Il lance la boule. Mentalement, il la suit, et il la voit renverser toutes les quilles. Et il recommence. Chaque fois que, dans son imagination, la boule adopte une trajectoire mauvaise, il l'arrête, la reprend, et recommence à lancer pour abattre les quilles.

b) Arrivé à la salle de quilles, il se concentre pendant cinq minutes avant et après la partie. Durant cette concentration, il revit en imagination la boule en train d'abattre les quilles.

c) Au moment de lancer la boule, il se concentre seulement quinze secondes, en imaginant les quilles qui tombent à l'arrivée de la boule.

Le même procédé peut être utilisé pour tous les sports qui utilisent une boule, une balle, un ballon, un disque, etc... Qu'il s'agisse de rouler, de lancer, de frapper, le procédé s'applique avec seulement des variations appropriées.

L'exercice se complique un peu lorsqu'il s'agit de recevoir puis de lancer ou de frapper, avec un compétiteur.

Il se complique également lorsqu'il s'agit d'un jeu en équipe. Mais l'entraînement concerne surtout le maniement individuel de la balle, de la boule, etc...

Il existe d'autres sports qui consistent également à projeter quelque chose. Le procédé s'applique aussi, qu'il s'agisse de l'arc, du javelot, du lancer du poids, du disque, etc...

Le procédé varie aussi lorsque le sport en question concerne une performance de coordination musculaire, de force et d'endurance.

Mais encore une fois, les exercices de parapsychanalyse se répartissent de la même façon. Au moment de la pratique du sport, il y aura une concentration de cinq minutes, au début et à la fin. À la maison, hors du lieu de sport, il y aura quotidiennement des concentrations d'une demi-heure chacune. Au cours de ces dernières, le sportif imagine qu'il est en train d'accomplir chacun des gestes qui participent à l'exécution de son sport. Il le répète plusieurs fois. Pendant ces périodes d'imagination, il pourra lui arriver de se voir en train de commettre une erreur. Il devra recommencer en perfectionnant, de plus en plus, l'exécution de chacun des gestes.

Arrivé sur le terrain, sa première concentration de cinq minutes sera un résumé, c'est-à-dire l'exécution la plus parfaite, qu'il peut imaginer, de sa performance. Après avoir exécuté son sport dans la réalité, ou la période d'entraînement, il terminera par une concentration de cinq minutes, identique à la première, afin d'effacer la mémoire des erreurs enregistrées durant cette dernière période d'exécution de son sport.

J'affirme, avec tous ceux qui font du sport, que la seule clef du perfectionnement, c'est l'entraînement. Bien sot celui qui prétendrait que l'on peut devenir champion en passant ses périodes d'entraînement couché sur le dos, à se concentrer. Néanmoins, des expériences désormais incalculables, permettent d'affirmer que les demi-heures que vous passerez à vous concentrer à la maison, sur la pratique de votre sport, seront un élément positif et irremplaçable dans votre perfectionnement. De plus, ces concentrations vous permettront d'approcher de votre but tellement rapidement que vous surprendrez vos entraîneurs, vos coéquipiers et vos compétiteurs. Et enfin, l'effort requis pour accomplir votre performance diminuera de plus en plus. La fatigue continuera à se présenter, car elle est seulement une accumulation de toxines non-éliminées. Mais, l'effort lui-même devient de plus en plus automatique.

Le monde de la compétition sportive, depuis quelque temps a, peut-être, été sali par des reportages parlant de médicaments, de drogues, et parfois même d'hypnose. Ces procédés, l'un comme l'autre, présentent tôt ou tard, des effets secondaires peu souhaitables.

Les exercices de parapsychanalyse auront, peut-être, comme seul effet secondaire, de faire de vous un être **plus complet, plus efficace, plus auto-déterminé, plus équilibré, plus éveillé: plus heureux.**

CHAPITRE XXIV

L'OBÉSITÉ

Pour ceux qui veulent maigrir

Au risque de me répéter, je dois encore souligner que la pratique des exercices de parapsychanalyse ne remplace pas les spécialistes qui existent déjà. Votre santé doit être référée à votre médecin. L'enseignement est le rôle du professeur. L'entraînement sportif nécessite un moniteur. Le médecin veille à votre santé.

Les connaissances qui règnent sur le niveau physique conscient ont été accumulées par des millénaires d'expérience. Elles sont nécessaires à l'accomplissement de toute activité. Les exercices de parapsychanalyse ont seulement pour effet de réduire l'effort et de permettre la réalisation du but plus rapidement.

Donc, si vous êtes obèse, si vous n'acceptez pas votre corps tel qu'il est, si vous désirez changer, la première étape est d'obtenir un rendez-vous chez votre médecin.

Une cause médicale est peut-être, tout simplement, à l'origine de votre problème.

Lorsque vous serez entraîné, et que vous pourrez faire les exercices automatiquement, vous serez prêt à commencer à maigrir par la parapsychanalyse.

La plupart du temps, l'idée que nous nous faisons de nous-même est différente de la réalité. Peut-être en avez vous fait l'expérience en regardant des photos ou des films que l'on a pris de vous. Le même phénomène peut se présenter lorsque vous entendez votre voix pour la première fois sur la bande d'un magnétophone ou d'une cassette.

Dans le cas de l'obèse, c'est la même chose: il ne connaît pas vraiment l'apparence exacte de son corps. Donc, avant de commencer, il est nécessaire d'exécuter le petit exercice suivant.

Choisissez une pièce dans laquelle vous pouvez rester seul, sans être dérangé, pendant au moins une heure. Vous avez besoin d'un grand miroir, ou de plusieurs miroirs. Vous pouvez vous lever, vous asseoir, vous coucher, vous relever et continuer ainsi à bouger. La pièce doit être bien éclairée.

Maintenant, en toute simplicité, vous allez faire la connaissance de votre corps. Oui, vous pouvez me dire que vous le connaissez déjà. Peut-être que vous allez continuer à lire le reste du chapitre, et vous commencerez les autres exercices sans avoir fait celui dont je vous parle actuellement. Les personnes qui agiront ainsi auront totalement tort. Elles ne maigriront pas. Elles seront seules à pouvoir se blâmer de ne pas réussir.

Vous pouvez accorder beaucoup plus d'attention aux différentes parties du corps d'un tout petit bébé, que vous ne l'avez peut-être jamais fait pour le vôtre. Il n'est certainement pas trop tard. De toute façon, si vous voulez maigrir, il est indispensable de le faire.

Alors, déshabillez-vous...

Vous pouvez même prendre un bain, ou une douche, avant de commencer, si vous le préférez. Mais, cela n'est peut-être pas nécessaire. Après votre bain, avant de commencer l'exercice, assurez-vous que la peau est bien sèche. Il est également indispensable de maintenir une bonne température dans la pièce où vous allez travailler tout nu, pendant une heure. Il y a peut-être longtemps que vous n'êtes pas resté, ainsi nu, pendant une si longue période. Depuis de nombreuses années, depuis votre naissance, vous prenez votre corps pour acquis. C'est-à-dire, que vous vous en servez sans trop lui accorder d'attention. Oui, bien sûr, quand vous êtes malade, ou que vous ne vous sentez pas bien, vous lui accordez votre attention un peu plus longtemps. Mais chaque jour, les bains, les douches, habillages et déshabillages, tout se passe tellement rapidement que l'on ne peut pas dire que vous êtes attentif à votre corps. Vous connaissez, peut-être le corps de votre chien, ou de votre chat, beaucoup mieux que le vôtre, à force de le caresser, de le tâter et de le gratter: pourquoi pas le vôtre?

Alors, totalement nu, en pleine lumière, devant vos miroirs, vous allez commencer un inventaire détaillé de chaque coin de votre corps, comme s'il s'agissait du corps d'un bébé.

* * *

Exercices

1° Vous pouvez commencer par le visage. Avec le miroir, observez, attentivement, chaque partie de votre visage. Prenez votre temps. Si, dans une heure, vous n'avez pas terminé, vous reprendrez une autre fois. Observez attentivement le front, les yeux, autour des yeux, le nez, les narines, l'intérieur des narines, les joues, les oreilles une par une, autour des oreilles, la bouche et l'intérieur de la bouche, le menton, les mâchoires et la gorge. Ensuite, avec le bout des doigts et le creux de la main, touchez toutes les parties de votre visage, l'une après l'autre. Caressez-les lentement, pour en apprendre la forme avec les mains. Tâtez aussi pour sentir la résistance de la peau, de la chair et des os. Apprenez votre visage lentement et par coeur, avec les yeux et avec les mains. Les miroirs vous servent à voir les parties de votre corps que vous ne pouvez pas voir autrement.

Après avoir terminé le visage, apprenez votre épaule droite et le bras droit, lentement jusqu'au bout des doigts, avec les yeux et la main gauche. Glissez la main sur la peau pour en deviner les formes. En appuyant légèrement, massez un peu pour décoller la peau. Ensuite, allez chercher le muscle pour le pétrir et le décoller de l'os. Mais, pendant que vous travaillez ainsi avec la main, assurez-vous de suivre du regard tout ce que vous faites. Vous pouvez passer plus de cinq minutes, seulement sur le bras droit. Lorsque vous aurez terminé avec celui-ci, faites la même chose sur le bras gauche.

Et vous continuez la même chose avec la poitrine, le ventre, les jambes séparément jusqu'au bout des orteils. Encore une fois, prenez votre temps. Il est nécessaire d'accorder toute votre attention, pendant quelques minutes, à chaque partie de votre corps, avec les yeux et les mains. Vous devez les redécouvrir et les connaître mieux.

Le tout peut prendre une heure, ou même beaucoup plus. Avant de terminer, il serait bon de pouvoir observer votre corps tout entier dans les miroirs. Dans cette position, promenez votre regard lentement sur chaque partie de votre corps, et sur l'ensemble, pour vous voir tel que vous êtes.

Cet exercice devra être fait au complet et consciencieusement, car vous ne recommencerez pas de si tôt. Et même, lorsque vous recommencerez, dans quelques mois, votre corps sera totalement différent. Aujourd'hui, c'est la dernière fois que vous le voyez, tel qu'il est actuellement. Dites-vous bien cela. En laissant chaque partie que vous venez d'examiner, dites-lui un peu adieu, car lorsque vous la reverrez, elle ne sera plus tout à fait la même. Celle que vous voyez en ce moment aura disparu. Alors, examinez votre corps comme un objet qui vous est cher, et que vous ne reverrez pas de si tôt.

Lorsque vous aurez terminé cette inspection, en bonne et due forme, vous pouvez vous rhabiller. C'est terminé avec cet exercice initial.

L'exercice qui suit doit se faire un autre jour.

2° Cette fois-ci, placez-vous dans un endroit où vous pouvez rester seul, sans être dérangé, pendant une demi-heure. Commencez par les exercices de concentration. Ensuite, à l'issue de votre concentration, imaginez que vous êtes dans une salle de bain, avec de grands miroirs. Des grands miroirs qui vont du plancher jusqu'au plafond. Imaginez que vous vous déshabillez, pour prendre votre bain. Avant d'entrer dans le bain, vous vous placez devant les grands miroirs. Vous voulez observer, exactement, les contours et les formes de votre corps. En commençant par le haut, observez attentivement le visage, les contours du visage, les formes et les rondeurs du visage. Descendez vers la gorge et le cou. Descendez vers les épaules. Observez, attentivement, les rondeurs du cou et de la gorge, autour des épaules et des bras, jusqu'aux mains. Examinez les deux bras, l'un après l'autre.

Maintenant, regardez la poitrine. Tournez légèrement vers la droite et vers la gauche. Observez bien la forme et le volume de la poitrine. Maintenant, descendez vers la taille; la taille et les hanches. En tournant légèrement vers la droite et vers la gauche, observez attentivement la forme et le volume du ventre. Maintenant, descendez des hanches vers les cuisses, les genoux et les jambes. Observez, attentivement, les rondeurs et le volume des hanches et des cuisses. Descendez vers les genoux et les jambes, jusqu'aux pieds.

Maintenant, dans le miroir, imaginez une table sur laquelle se trouvent les aliments que vous avez l'habitude de manger. Disposez, sur la table, du pain, du beurre, de la crème, des toasts, des sandwiches, des pommes de terre et des patates frites, du spaghetti et de la pizza. Mettez-y des gâteaux, de la tarte, des pâtisseries, des sucreries et des liqueurs douces. Ajoutez-y des fromages variés. Regardez attentivement tous ces aliments sur la table. Dites-vous que, peu importe les causes psychologiques ou autres, tous ces aliments, qui apparaissent sur la table sont, en fin de compte, les responsables les plus apparents et immédiats qui vous font engraisser. Dites-vous que, si vous cessiez de manger tous ces aliments, malgré les causes psychologiques et autres, vous ne pourriez pas engraisser. En regardant tous ces aliments, pensez que, lorsqu'une personne n'a aucun problème psychologique ou autre, le seul fait de manger tous ces aliments est suffisant pour la faire engraisser et déformer son corps, comme celui que vous avez vu dans le miroir. En regardant tous les aliments que vous voyez sur la table, et en observant votre corps, déformé par l'obésité, imaginez que les aliments qui vous font engraisser vous dégoûtent de plus en plus. Les farineux, les matières grasses, les pâtisseries et les sucreries, toutes ces choses ont un goût de plus en plus désagréable. Vous désirez absolument manger autre chose.

Vous préférez, de plus en plus, prendre plaisir à manger des légumes frais, des viandes maigres et des fruits dont le goût vous plaît, de plus en plus.

Effacez, faites disparaître tout ce qu'il y a sur la table. Faites table rase. Essuyez bien la table où étaient ces aliments qui vous dégoûtent.

Imaginez, maintenant, que vous disposez et que vous installez sur la table des légumes crus, des radis, des tomates, des piments verts, des concombres, des carottes râpées, des céleris, des salades. Dans des assiettes, mettez aussi des légumes cuits, des fèves vertes, des brocolis, des choux-fleurs et des choux verts, des navets, des carottes et des choux de Bruxelles. Dans d'autres assiettes, vous pouvez mettre un bon morceau de poulet, une côtelette de veau, du foie frais, une belle tranche de steak rouge, maigre et tendre. Sur la table, vous pouvez aussi distribuer des beaux fruits frais, des pommes et des poires, des oranges, des raisins, des fraises, des framboises, des groseilles et du melon. Imaginez les aliments que vous voyez maintenant: les légumes, les viandes maigres et les fruits frais. Pensez que ces aliments vont vous redonner la vitalité et la forme que vous désirez tellement.

Maintenant, pensez à la salle de bain, et imaginez que la baignoire qui est près de vous est déjà pleine d'eau chaude. Vous allez prendre votre bain. Debout près du bain, totalement dévêtu, vous allez entrer dans le bain. Vous entrez debout dans le bain. Les pieds dans l'eau chaude, vous êtes debout dans le bain. Vous vous asseyez dans le bain. Vous êtes assis dans le bain. Vous vous allongez dans le bain. Vous êtes allongé dans le bain, seule la tête dépasse. Le corps tout entier est allongé dans l'eau chaude du bain. Et vous vous laissez aller. Vous vous laissez sombrer dans un repos, de plus en plus lourd, de plus en plus profond. Et pendant que vous vous laissez aller, votre corps va se dégonfler. Dans l'eau chaude, toute la graisse va fondre et disparaître, comme l'air qui fuit d'un ballon percé. La peau, qui est comme du caoutchouc élastique, se colle, de plus en plus lisse, le long de votre corps allongé, étiré, de plus en plus mince. Vous vous laissez sombrer dans un repos de plus en plus lourd, de plus en plus profond. Vous pensez à toutes sortes de choses, à toutes sortes d'images. Vous pouvez imaginer que votre appétit diminue, graduellement. Imaginez que, chaque fois que vous commencez à manger, dès que vous avez pris une petite portion, votre appétit disparaît complètement. Il vous est, totalement, impossible de continuer à manger. Votre faim est disparue, et vous êtes parfaitement comblé. Vous ressentez la satisfaction de devenir de plus en plus mince, et en pleine forme.

Maintenant, iamginez que vous sortez du bain. Vous vous placez devant les grands miroirs. Imaginez que votre traitement est terminé, et que vous avez atteint la minceur et l'élégance du corps que vous désirez. Vous êtes debout devant les grands miroirs pour observer la minceur, la souplesse et le galbe que votre corps a atteint. En commençant par le haut, observez attentivement ce joli visage aminci, à la peau fraîche et délicate. Descendez vers le cou et la gorge qui s'amincissent en partant des oreilles pour aller se fondre, merveilleusement, entre les deux épaules. Observez attentivement les épaules, d'une ligne tellement féminine, qui se continuent par les bras, minces et souples, jusqu'aux mains.

Maintenant, regardez la poitrine. Tournez légèrement vers la droite et vers la gauche, pour observer attentivement que le galbe, la forme et les rondeurs sont bien devenus ce que vous désirez.

Maintenant, descendez vers la taille et les hanches. En tournant légèrement vers la droite et vers la gauche, observez attentivement cette taille et ces hanches, qui ont littéralement fondu, qui font penser à une taille de guêpe, qui se continue agréablement sur des hanches mignonnes et bien féminines. Le ventre, lui aussi, a totalement disparu

Descendez maintenant vers les cuisses, les genoux et les jambes. Observez, attentivement, cette longue forme allongée et mince, d'un muscle sain et souple, des hanches jusqu'aux pieds. Cette forme élégante et souple, que vous désirez depuis si longtemps.

Maintenant, reculez un peu, et regardez votre corps tout entier dans le miroir, de la tête aux pieds. Observez ce corps, allongé et souple, aux formes amincies et féminines. À la seule vue de ce corps, qui est le vôtre, vous vous sentez tout à coup inondée de joie, émue jusqu'au plus profond de votre être, dans chacune de vos cellules. Quel bonheur de posséder, enfin, un corps merveilleux, dont on est fier, et que l'on peut montrer avec plaisir.

Imaginez que, chaque fois que vous commencez à manger, dès que vous avez pris une petite portion, votre appétit disparaît complètement. Il vous est totalement impossible de continuer à manger. Votre faim est disparue. Vous êtes parfaitement comblé, avec la satisfaction de devenir de plus en plus mince et en pleine forme.

Vous terminez, comme d'habitude, votre exercice d'imagination.

Cet exercice doit être répété une fois par semaine.

3° Nous allons, maintenant, décrire l'exercice que vous répéterez trois fois par jour. Il durera environ cinq minutes. Il devra être exécuté avant chacun des trois repas.

Donc, lorsque le repas approche, environ quinze minutes avant, vous vous isolez, pour ne pas être dérangé. Vous entreprenez l'exercice de concentration que vous connaissez bien. Ensuite, imaginez que votre traitement est terminé. Imaginez que votre corps a atteint la minceur et l'élégance que vous désirez. Mentalement, vous êtes placé devant les miroirs, et vous pouvez vous voir dedans.

Vous pouvez observer ce corps qui a atteint la minceur et l'élégance que vous désirez. Regardez votre corps tout entier, ce corps allongé et souple, aux formes amincies et féminines. À la seule vue de ce corps qui est le vôtre, vous vous sentez tout à coup inondée de joie, émue jusqu'au fond de votre être, dans chaque cellule. Quel bonheur de posséder, enfin, un corps merveilleux dont on est fier, et que l'on peut montrer avec plaisir.

Imaginez que, chaque fois que vous commencez à manger, dès que vous avez pris une petite portion, votre appétit disparaît complètement. Il vous est totalement impossible de continuer à manger. Votre faim est disparue, et vous êtes parfaitement comblée. Vous ressentez la satisfaction de devenir de plus en plus mince, et en pleine forme.

Et enfin, vous terminez l'exercice comme d'habitude.

Vous pouvez, maintenant, aller à table pour prendre votre repas. Ce dernier exercice sera répété trois fois par jour. C'est-à-dire, avant chaque repas.

J'ai essayé de vous présenter, ici en détails, un aperçu de la préparation de l'imagination qui doit participer à vos travaux de parapsychanalyse.

CHAPITRE XXV

L'ARTHRITE
Pour soulager la douleur

Depuis des temps immémoriaux, le sujet de la douleur a fait couler beaucoup d'encre et de salive. De nombreux traités ont été élaborés pour en expliquer les causes, le mécanisme et l'utilité, ainsi que ses conséquences.

Ma seule préoccupation, dans ce document, est de vous aider au contrôle de l'esprit sur la douleur.

Je vous rappelle encore une fois que, lorsqu'il s'agit de santé, vous devez faire appel au médecin. Les exercices de parapsychanalyse ne remplacent pas l'intervention médicale: ils s'y ajoutent.

* * *

Exercices

1° Pour commencer, vous devez absolument faire l'exercice dont il est question au début du chapitre sur l'obésité. Puisqu'il s'agit, pour vous, d'arthrite et non pas d'obésité, il est possible que vous n'ayez pas lu ce chapitre. Au risque de me répéter, je vais retracer les grandes lignes de cet exercice, et l'orienter sur le sujet de l'arthrite.

a) Choisissez une pièce dans laquelle vous pouvez rester seul, sans être dérangé, pendant environ une heure. Vous avez besoin d'un grand miroir ou de plusieurs miroirs. Vous pouvez vous lever, vous asseoir, vous coucher, vous relever et continuer à bouger. La pièce doit être bien éclairée, et baignée d'une bonne température. Maintenant, en toute simplicité, vous allez faire la connaissance de votre corps.

Vous vous souvenez peut-être d'avoir fait la toilette d'un petit bébé, en examinant attentivement chaque partie de son corps, avec délicatesse. Vous vous êtes servi de vos yeux, de vos mains et de vos doigts. Vous avez été très attentive, en apportant beaucoup de soins et de précautions, à chacun de vos gestes. Cette fois-ci, vous allez faire le même chose, mais avec votre propre corps. Avant de commencer, vous pouvez prendre un bain ou une douche. Assurez-vous, alors, de bien vous essuyer, et d'être parfaitement séchée, avant de commencer l'inspection de votre corps. Cela va durer environ une heure. Il y a peut-être très longtemps que vous n'êtes pas restée, ainsi nue, pendant une aussi longue période.

Alors maintenant, totalement nue, en pleine lumière devant vos miroirs, vous allez commencer un inventaire de toutes les parties de votre corps, comme s'il s'agissait du corps d'un bébé. Le but est d'identifier autant les endroits où existe de la douleur, que les autres parties du corps qui sont en bonne santé. D'habitude, lorsque la douleur apparaît en un certain endroit du corps, elle crée un état général de souffrance. Vous oubliez alors que le reste du corps est en santé, qu'il fonctionne bien, et qu'il peut vous procurer le rendement et la satisfaction que vous en attendez. L'apparition de la douleur a une propriété envahissante, à tel point qu'elle accapare toute votre attention. Elle devient alors votre unique préoccupation. Elle vous empêche d'apprécier toutes les bonnes choses que la vie vous accorde. Si l'enfer existe vraiment, la personne qui souffre a certainement, déjà, une bonne idée de ce qu'il peut représenter.

Donc, vous allez commencer une inspection réglementaire de chaque partie de votre corps, sans exception. Cet exercice vous permettra d'identifier, avec précision, la localisation de la douleur qui engendre votre état général de souffrance épuisante. Durant l'exercice, votre attention s'applique autant par le regard, qu'avec les mains et les doigts. Vous prendrez un soin particulier pour ne pas exercer de pression sur les endroits douleureux. Il est totalement inutile d'augmenter la douleur. Vous vous contenterez d'effleurer seulement la peau du bout des doigts, ou de la paume de la main. Encore une fois, il s'agit de localiser et d'identifier avec précision les points de douleur, et avec autant d'attention, ceux qui sont en bon état.

b) Vous pouvez commencer avec le visage. Observez tout le visage, dans le miroir. Avec les yeux, les doigts et les mains, scrutez le front, autour des yeux, le nez, les joues, les oreilles, autour des oreilles, les narines, la bouche et les lèvres, le menton et les mâchoires, le cou et la gorge.

c) Avec la main gauche, et du regard, inspectez l'épaule droite et le bras droit, lentement, jusqu'au bout des doigts. Prenez votre temps. Quelques minutes sont peut-être nécessaires pour chacun des deux bras. Continuez avec la poitrine et le ventre. Ensuite, entreprenez chaque hanche, jusqu'au bout des orteils. Arrêtez-vous de place en place. Accordez toute votre attention, du regard, des mains et du bout des doigts. Également, observez attentivement toutes les sensations qui pourraient exister autour de la peau, dans la peau et à l'intérieur de la chair.

d) Pour terminer, debout devant le miroir, examinez votre corps de la tête aux pieds. Lentement, promenez votre regard, en vous arrêtant de place en place, pour que votre inspection soit complète.

2° Ensuite, étendez-vous sur le dos, couvrez votre corps, et entreprenez l'exercice de concentration. À l'issue de cet exercice, prenez votre temps pour revivre, mentalement, l'inspection que vous venez de terminer devant les miroirs. En vous souvenant de ce que vous avez vu, et de ce que vous avez fait avec les mains et les doigts, refaites mentalement l'inspection méticuleuse de tout votre corps, de la tête aux pieds. Ceci terminé, vous pouvez vous relever et vous rhabiller.

Vous devez reprendre ces exercices une fois par jour, de préférence à la même heure. Lorsque les douleurs auront disparu, il vous suffira de faire l'exercice une fois par semaine, pour s'assurer que les douleurs ne reviendront pas.

En passant, **cet exercice est également merveilleux pour rajeunir, et retrouver de la vitalité.** Certains remèdes, fréquemment utilisés, ont des effets secondaires parfois néfastes. Les exercices de parapsychanalyse ont seulement pour effet secondaire de faire de vous un être plus complet, plus efficace, plus éveillé: plus heureux.

CHAPITRE XXVI

LE FUMEUR
Pour contrôler son habitude

Dans le cas de l'habitude du tabac, la psychanalyse traditionnelle peut aller chercher jusque dans votre enfance, et même avant, les causes qui ont engendré cet automatisme. Qu'elles existent encore, ou bien qu'elles soient maintenant totalement disparues, nous nous plaçons devant un problème différent: **l'automatisme.**

Vous vous souvenez peut-être d'un chapitre antérieur où j'ai parlé de Pavlov et du conditionnement.

Le conditionnement est le procédé qui, par la répétition, crée une habitude suivie d'un automatisme qui engendre le besoin. Cette faculté d'engendrer des automatismes, par le conditionnement, est indispensable au bon fonctionnement de notre organisme, de notre comportement, de notre conduite. Néanmoins, elle est parfois utilisée, subconsciemment, pour engendrer des automatismes et des besoins dont la permanence n'est pas nécessaire à notre survie, ou à notre bonheur.

Il arrive même que certains automatismes-besoins soient nuisibles à notre survie et à notre bonheur. L'usage du tabac semble se classer parmi ceux-là.

Je n'ai surtout pas l'intention de faire un roman-fleuve sur les inconvénients et les dangers du tabac. C'est le rôle des experts. Dans l'optique de la parapsychanalyse, il est même préférable de créer des images, autres que celles qui représentent un danger pour vous. Qu'il soit suffisant quand même, avant d'aller plus loin, de souligner que nous ne sommes pas venus au monde avec une cigarette aux lèvres, et que les quelques avantages que pourrait apporter l'usage permanent du tabac sont très discutables. Disons que ces rares avantages sont même sujets à caution. Vous devez vous méfier de telles affirmations.

En revenant au sujet qui vous préoccupe, il ne s'agit donc pas de vous «psychanalyser». Il ne s'agit pas, non plus, de faire disparaître une habitude. Il ne s'agit, encore moins, de faire disparaître un automatisme. L'automatisme est la mémoire subconsciente d'un mouvement qui se répète, d'une façon réflexe, chaque fois que se manifeste le besoin engendré par ce même automatisme.

Non, le fumeur ne fume pas parce qu'il a été privé du sein de sa mère pendant son enfance.

Le fumeur allume une cigarette pour satisfaire un besoin. C'est le besoin qui se présente automatiquement, **lorsque le stress apparaît.** Le stress, lui-même, se présente automatiquement lorsqu'un besoin n'est pas satisfait.

Donc, alors que le fumeur a longtemps considéré que son problème est l'habitude de fumer, il doit maintenant réaliser qu'il en est autrement.

Le fumeur ne fume pas toujours, continuellement. Il ne fume que lorsqu'il a, entre les doigts, quelque chose à fumer. Mais, il doit continuellement avoir, à portée de la main, quelque chose à fumer pour les moments où se présente le besoin de fumer. Ces moments sont plus ou moins éloignés, selon les fumeurs, mais ce n'est qu'à ce moment-là que le fumeur fume. D'autre part (en général) le fumeur ne fume pas quand il dort. Certains se réveillent, parfois, pour fumer durant la nuit: mais ils ne fument pas en dormant.

Donc, le vrai problème du fumeur n'est pas de fumer. Seulement, lorsque le besoin de fumer se présente, s'il n'a rien à fumer, il a un vrai problème. Plus il attend, plus le problème est intense: plus le stress augmente.

Donc, le vrai problème du fumeur semblerait être le besoin de fumer. Lequel est entretenu, essentiellement, par l'habitude de le satisfaire en fumant. En fait, le geste de fumer ne se présente pas, seulement, chaque fois que se présente le besoin de fumer.

Il semblerait que le rythme de cigarettes augmente chaque fois que se présente un stress. Celui-ci peut être causé par la présence en public, ou alors une contrariété, ou d'autres causes de stress et de nervosité. Il semblerait même que ce rythme augmente vers la fin de la journée. C'est alors que l'énergie nerveuse est à son plus bas, que la fatigue nerveuse est plus grande.

Il y a donc une relation évidente entre le niveau de stress et le rythme de consommation du tabac. Même si le fait de fumer ne réduit pas du tout le stress, le besoin de fumer se présente alors impérativement, comme s'il était une solution au stress.

Nous sommes donc en présence de deux facteurs distincts: le stress d'abord et, ensuite, l'automatisme du besoin de fumer. Ce besoin semble se présenter automatiquement, plus fréquemment, lorsque le stress augmente.

Le stress étant une condition inhérente à l'activité normale d'une vie menée sainement, il est inutile de chercher à empêcher son apparition. Les détentes, répétées quotidiennement, et le sommeil de la nuit sont les véritables remèdes naturels au stress.

Alors, comment éviter qu'avec l'augmentation du stress se présente automatiquement le besoin de fumer.

Et voilà! Nous y sommes. Le besoin de fumer se présente automatiquement parce que, à un moment de votre existence, un stress a été suivi d'une période de détente durant laquelle vous avez fumé.

De la même façon que Pavlov a observé, chez le chien, l'association du plaisir de l'expectative de la nourriture avec le son de la cloche, vous avez associé, subconsciemment et automatiquement, le plaisir de la détente avec le geste de fumer. Par la répétition du geste de fumer lors d'une détente, il est devenu une habitude. Cette habitude a créé un automatisme qui a engendré un besoin. C'est ce qu'on appelle un besoin artificiel.

L'accumulation du stress étant le déclencheur dominant du besoin-réflexe de fumer, il ne vous reste plus qu'à vous conditionner à un autre automatisme qui remplacera avantageusement le premier. Il faudra donc choisir un automatisme approprié qui remplace véritablement le précédent. **Il devra être avantageux pour la santé et ne présenter aucun effet secondaire néfaste.**

Il est inutile, désormais, de continuer à vous donner d'autres explications. Passons immédiatement à la description des exercices. Ils se divisent en trois catégories.

* * *

Exercices

Le premier, qui dure au moins une heure, se fera une fois par semaine. Le second, dure une demi-heure, et se pratique deux fois par jour, matin et soir. Le troisième sera exécuté chaque fois que vous voudrez fumer, de votre lever jusqu'à ce que vous fumiez la première cigarette.

Dès que vous avez fumé la première cigarette de la journée, il est inutile de recommencer ce troisième exercice. Il ne doit être exécuté que du début de la journée, à votre réveil, jusqu'au moment où vous devez céder et fumer la première cigarette de la journée. Vous pouvez, bien sûr, vous fixer des objectifs successifs et différents. Vous pouvez, par exemple, décider que le lendemain, vous fumerez votre première cigarette à 9 heures du matin. Vous pouvez reculer d'une demi-heure, chaque jour, le moment de fumer la première cigarette.

Dans le cas du tabac, il en va de même que pour l'obésité, l'arthrite et les autres. Il est nécessaire de connaître les exercices et de les pratiquer automatiquement, avant de commencer quoique ce soit.

1° Pour le premier exercice, vous devez vous isoler dans une pièce où vous ne serez pas dérangé pendant au moins une heure.

a) Commencez votre exercice de concentration comme d'habitude. Et ensuite, pour continuer, pensez à des moments où vous avez fumé. Ou plutôt, pensez à des moments où vous avez eu envie de fumer. Cela peut être à votre réveil, ou après un café, ou après un bon repas, ou après un verre de boisson alcoolisée, ou après une période de travail intensif. Pensez attentivement à chacune de ces circonstances où s'est présenté le désir de fumer une bonne cigarette, un bon cigare, une bonne pipe. Tout en imaginant ces situations, dont vous vous souvenez, devenez conscient de ce qui se passe en vous. Inévitablement, tôt ou tard, vous allez avoir envie de fumer.

Le seul fait de revivre, entièrement, une circonstance dans laquelle vous avez eu le désir de fumer, ce désir va se représenter.

b) Immédiatement, dès qu'il se présente, videz les poumons et prenez trois respirations profondes. Pendant la respiration, et immédiatement après, prenez conscience de la sensation générale de détente. Observez cette sensation de bien-être qui se répand dans tout votre corps. Observez les sensations de la respiration qui dégage les narines, la gorge, les bronches et les poumons. Devenez conscient qu'à chaque respiration, c'est la vie elle-même qui entre en vous.

c) Aussitôt, recommencez à vous remémorer des circonstances où le désir de fumer s'est manifesté. Durant cet exercice de mémoire, imaginez tous les détails de la situation. Imaginez ce que vous voyez, ce que vous entendez, ce qui se passe et tout ce que vous faites. Et, dès que se présente à vous l'envie de fumer, immédiatement, videz les poumons et prenez trois respirations, lentes et profondes, en gardant l'air dans les poumons pendant trois secondes à chaque fois. Pendant les respirations, et immédiatement après, prenez conscience de la sensation générale de détente. Observez cette sensation de bien-être qui se répand dans tout votre corps. Observez les sensations de la respiration qui dégage les narines, la gorge, les bronches et les poumons. Devenez conscient qu'à chaque respiration, c'est la vie, elle-même, qui entre en vous.

Continuez ainsi pendant une heure. Lorsque vous aurez fini, terminez l'exercice comme d'habitude.

2° Le deuxième exercice que vous devez faire deux fois par jour, soit matin et soir, s'exécute de la même façon, mais ne dure qu'une demi-heure, chaque fois.

3° Le troisième exercice consiste à prendre trois respirations profondes, chaque fois que vous avez envie de fumer. Ainsi que je l'ai mentionné précédemment, ce troisième exercice sera pratiqué, seulement, durant la période de la journée où vous ne fumez pas. Dès que vous avez fumé la première cigarette de la journée, vous cessez totalement de pratiquer l'exercice numéro 3, et vous continuez à fumer jusqu'au soir. C'est très important. Ne pratiquez, surtout pas, le troisième exercice après avoir fumé la première cigarette, jusqu'au moment de vous coucher.

En choisissant cet exercice de parapsychanalyse, vous ne prenez pas comme objectif de cesser de fumer. Pendant tout ce temps, vous ne devez pas penser que vous avez l'intention de cesser de fumer. Qu'il ne vous vienne même pas à l'idée, qu'un jour vous ne fumerez pas. L'habitude de fumer fait partie de la mémoire subconsciente de vos mouvements, et le but recherché n'est surtout pas de vous faire perdre la mémoire.

Le but est seulement de prendre trois respirations profondes, chaque fois que le stress vous fera penser à fumer. Cet automatisme doit, éventuellement, remplacer avantageusement l'habitude de fumer.

Avec la même rectitude que Pavlov a conditionné le chien à saliver au son de la cloche, la répétition des trois exercices, tels que prévus, engendre automatiquement et malgré vous, la disparition de l'habitude de fumer.

En ne prenant pas la décision de cesser de fumer, vous évitez déjà le stress associé à une telle décision. Il n'est pas nécessaire de prendre la décision de cesser d'avoir faim, lorsque l'on choisit les aliments d'un repas.

Ce procédé a seulement pour effet secondaire de faire de vous un être plus complet, plus efficace, plus éveillé, plus heureux et plus fier.

CHAPITRE XXVII

L'AMOUR
Pour influencer un être cher

L'esprit subconscient, comme je l'ai déjà dit, est l'un des mécanismes les plus étonnants jamais inventés. Et, pensez-y bien, vous n'avez même pas besoin d'aller magasiner pour en acheter un, spécialement pour faire les exercices. Vous en avez déjà un, ce qui représente une grosse économie, avant même de commencer.

Vous avez entendu plusieurs fois ces histoires dans lesquelles une maman a ressenti, intuitivement, que son bébé était en danger, et s'est dépêchée d'aller à son secours.

Celle-ci est arrivée à l'une de mes filles. Environ trois mois après la naissance de son fils, elle est allée à une réception avec son mari. C'est la première fois, depuis la naissance du bébé. Durant le repas, elle se tourne soudainement vers son mari. Son visage est pâle et ses mains tremblent:

— «Quelque chose est arrivé au bébé, dit-elle.
— «Cela ne se peut pas, lui répond-il, la gardienne a le numéro de téléphone de la maison où nous sommes. Si quelque chose de grave était arrivé, elle nous aurait appelés».

Mais, sur l'insistance de ma fille, ils quittent la table, et se dirigent rapidement chez eux. En arrivant, elle se précipite dans le salon: la gardienne regarde tranquillement la télévision. En entrant dans la chambre du bébé, elle s'aperçoit que celui-ci, on ne sait comment, a réussi à s'entortiller une couverture de laine autour du visage: il est en train de s'étouffer.

Maintenant, comment ma fille a-t-elle reçu le message venant du bébé, pour qu'elle accourt à la maison?

Essayez de vous souvenir, ou alors, retournez au chapitre où je vous parle de l'énergie. Il y est question de la présence de ces petits fils d'énergie qui relient toutes les particules de l'univers, partout autour de nous. Les ondes de radio, de télévision qui occupent même la pièce où vous êtes actuellement peuvent aussi être émises par des êtres humains. Le bébé, même s'il ne parlait pas encore, a réalisé le danger. Il savait qu'il avait besoin d'aide. À son âge, il n'y a qu'une seule personne vers qui on peut se tourner pour avoir de l'aide. Alors, il s'est mis à crier **mentalement** pour appeler sa maman. Le poste émetteur de son subconscient, s'est mis à envoyer un S.O.S. puissant. Ce S.O.S. s'est mis à faire des vagues circulaires, sphériques, des ondes qui se répandent rapidement le long de ces myriades de petits fils d'énergie de l'univers.

Lorsque vous écoutez la radio, vous suivez en général les émissions d'une station. Quand vous avez terminé, vous éteignez le poste, mais vous ne changez pas la longueur d'onde. Le poste récepteur de la maman est branché, presque toute la journée, sur le bébé pour recevoir ses émissions. En partant de la maison, pour aller à la réception, elle fait confiance à la gardienne, mais il reste quand même, en elle-même, une certaine préoccupation. Elle est donc restée branchée sur le bébé. Dès qu'il s'est mis à appeler au secours, elle a reçu le message, et elle a agit en conséquence.

Imaginez que vous avez, dans votre logement, une grande pièce dans laquelle sont installées des dizaines de postes de radio. Vous pouvez recevoir, en même temps, des émissions de plusieurs dizaines de stations. Les postes de radio sont continuellement branchés, et ajustés sur des stations différentes. Vous pouvez ainsi accorder votre attention à celui que vous voulez, simplement en augmentant son volume.

Imaginez, maintenant, que votre cerveau contient des centaines et des milliers de postes de radio, de la même façon. Vous pouvez donc, éventuellement, recevoir des émissions de partout.

Maintenant que vous saisissez l'exemple de la radio, imaginez un téléphone sans fil, c'est-à-dire qu'il vous suffit de composer le nom de quelqu'un pour être en rapport avec lui. Ce qui arrive souvent, c'est que votre correspondant n'est pas à l'écoute du téléphone. Il a laissé une enregistreuse branchée sur le téléphone. Il vous suffit de laisser votre message sur l'enregistreuse, pour qu'on vous rappelle.

Et voilà! Nous avons tous, chacun d'entre nous, un «radio-téléphone» dans la tête. Ce radio-téléphone était peut-être déjà là, lors de la création du premier homme. Mais aujourd'hui, beaucoup d'entre nous ne savent pas s'en servir. La plupart ne savent même pas qu'il existe. Conséquemment, lorsque par hasard quelqu'un vous appelle, vous ne vous en apercevez même pas. Vous n'avez pas appris à vous mettre à l'écoute de ce téléphone.

Non seulement vous pouvez recevoir des messages de votre téléphone mental, mais vous pouvez aussi en envoyer. Bien souvent, sans le savoir, subconsciemment vous envoyez des messages téléphoniques.

Imaginez que ce téléphone mental est tellement perfectionné qu'il présente des possibilités encore inconnues de nos techniciens modernes.

Imaginez que ce téléphone est, également, un appareil de télévision. Sur cet appareil, vous pouvez voir et entendre votre correspondant. De son côté, lui aussi peut vous voir et vous entendre. Cette télévision est tellement perfectionnée que, lorsque vous voyez et entendez votre correspondant, c'est un peu comme si vous étiez chez lui. Vous avez, alors, l'impression que les distances n'existent plus. Non seulement vous pouvez lui parler et il vous entend, non seulement vous pouvez sourire et il le voit, mais il peut aussi sentir le parfum que vous avez mis, et vous pouvez même le toucher. Vous pouvez lui serrer la main. Vous pouvez l'embrasser, et vous le faites ensemble.

Le seul malheur c'est que l'être humain de notre époque n'est pas encore entraîné à utiliser toutes ses facultés. Il est en même temps stimulant de savoir toutes les choses excitantes qu'il nous reste encore à apprendre.

Vous réalisez, maintenant, qu'avant de pouvoir influencer, c'est-à-dire persuader, convaincre un être cher, à distance, vous allez commencer par vous entraîner en lui téléphonant mentalement.

Pour vous entraîner, vous allez choisir une personne que vous connaissez. Il est nécessaire que cela soit une personne avec laquelle vous avez déjà été en rapport. Si vous décidez de téléphoner, mentalement, à Antony Quinn ou Tom Jones, il est impossible que votre message soit reçu. Il est préférable que ce soit une personne avec laquelle vous avez échangé un courant de sympathie.

Alors, vous vous installez de la façon prévue pour vous concentrer. Vous faites votre exercice de concentration. Ensuite, vous pensez à la personne que vous avez choisie de rejoindre. Si vous ne savez pas où elle se trouve, c'est totalement sans importance. Mais elle doit, absolument, savoir où vous rejoindre: c'est impératif.

Imaginez que la personne que vous voulez appeler s'appelle Jean. Alors, pensez à Jean. Imaginez son visage comme s'il était devant vous. Imaginez le front, les yeux, le nez, les lèvres, les joues et le menton, la chevelure. Imaginez-le en couleurs et en trois dimensions. Aussitôt que vous le voyez bien, regardez-le attentivement et dites-lui mentalement: «Jean, c'est moi qui t'appelle, je suis..... (mentionnez votre nom). S'il te plaît, appelle-moi. Je veux te parler». Répétez ceci trois fois avec beaucoup d'intensité. Aussitôt après, terminez votre concentration de la façon habituelle. Immédiatement, occupez-vous à autre chose. Vous pouvez répéter le même exercice d'heure en heure.

Si Jean n'a pas l'habitude d'être attentif aux messages qu'il reçoit intuitivement, cela peut prendre quelques semaines avant qu'il vous appelle. Le fait que vous sachiez ce que vous faites, ne signifie pas qu'il en est, lui aussi, conscient.

Soyez assuré que, tôt ou tard, vous allez recevoir un appel, une lettre ou une visite de Jean. Il est fort probable, alors, que ses premières paroles soient: «Sais-tu, je pensais à toi, et je me suis demandé ce que tu faisais de bon».

Ou alors, vous allez recevoir un appel d'une de vos connaissances qui vous dira: «J'ai dîné avec Jean l'autre soir, et il parlait continuellement de toi. Alors je lui ai dit que cela serait une bonne idée de t'appeler».

Je me souviens qu'un jour, à l'époque où j'étais jeune, je changeais souvent d'adresse, selon les groupes d'amis que j'avais. Un soir, en mangeant, j'ai tout à coup l'idée d'écrire à mes parents. Cela ne m'arrive que très rarement. Je sais qu'ils n'ont pas ma nouvelle adresse. Par retour du courrier, je reçois une lettre de mon père m'apprenant que maman est allée à l'hôpital. Elle a été opérée et tout s'est bien passé.

Ce genre d'incident arrive fréquemment entre des personnes qui se connaissent. Ce qui démontre l'existence du téléphone subconscient.

Maintenant, passons à l'exercice qui a pour but d'intensifier le rapport affectif entre vous et une personne que vous aimez. C'est-à-dire, vous assurer que cette personne alimente envers vous les sentiments et les intentions que vous désirez.

Dans ce cas, en particulier, l'observation des lois est excessivement importante. Votre but est d'influencer les idées et les émotions d'une autre personne. Disons, immédiatement, qu'il est nécessaire de bien savoir ce que vous voulez, car vous allez l'obtenir. Vous ne pourrez le changer que très difficilement.

Au préalable, vous êtes déjà favorisé parce qu'il existe une loi voulant que toutes les particules de l'univers s'attirent mutuellement ensemble, les unes vers les autres. D'autre part, chaque être humain, pour être heureux, a besoin d'aimer et d'être aimé de tout le monde.

Donc, vous n'avez pas besoin de créer, chez l'autre, le besoin et le désir d'être aimé. Soyez parfaitement conscient de cela. Chacun d'entre nous a une soif continuelle d'amour. D'une façon permanente, notre être est à l'affût de la plus petite manifestation d'attention. Nous nous contentons même, parfois, que quelqu'un reconnaisse que nous existons. À elle seule, cette si faible manifestation d'attention peut provoquer des miracles.

Il existe aussi un autre phénomène. Dès que l'être, ainsi assoiffé d'amour, reçoit une particule d'attention, immédiatement son radar s'oriente subconsciemment dans la direction d'où provient cette attention. C'est tout simplement parce qu'il en veut d'autre, continuellement et de plus en plus.

La personne que vous aimez n'échappe pas à cette loi.

Vous réalisez sans doute, maintenant, que votre tâche ne sera pas aussi difficile que vous l'avez craint.

* * *

Exercices

a) Le procédé se divise en plusieurs étapes. Vous allez concevoir et déterminer, exactement, ce que vous voulez que cette personne fasse pour vous. Choisissez une petite chose à la fois au début. Par exemple, à votre prochaine rencontre, vous désirez qu'il vous fasse un compliment sur votre robe. Alors, imaginez parfaitement la situation et les circonstances. Imaginez l'endroit où vous serez. Imaginez cette personne en train de vous faire le compliment que vous attendez. Imaginez que vous entendez la voix et les mots.

b) La première fois, cette deuxième étape suit immédiatement la précédente et doit durer une demi-heure. Commencez votre exercice de concentration comme d'habitude. Ensuite, imaginez que la personne que vous aimez est étendue sur le dos, dans son lit, et qu'elle dort. Imaginez que vous êtes debout près d'elle. Mentalement, commencez à lui parler doucement lui faisant des compliments.

Si c'est un homme, faites-lui des compliments sur ses épaules, sa grandeur, son intelligence, son raisonnement, son bon sens, ses connaissances tellement variées dans des domaines multiples, son air imposant et digne, son allure, qu'il a de l'esprit, qu'il donne l'impression d'être prospère, qu'il sait s'y prendre avec les femmes, qu'il a l'air brave et courageux, et enfin, que c'est comme cela que vous l'aimez tellement.

Si c'est une femme, donnez-lui un âge de 3 à 20 ans plus jeune, selon le cas, vous l'avez prise pour la fille de sa soeur, elle a un visage d'adolescente, son visage et son corps sont émouvants, ses pieds sont petits et ses jambes bien dessinées, elle a un pas élégant, elle porte ses vêtements comme une actrice, comme un modèle, elle n'a pas sa pareille pour faire la cuisine, elle ferait une fortune si elle ouvrait un restaurant, la tenue de sa maison est remarquable, son mobilier et l'ensemble de l'intérieur démontrent un goût artistique prononcé tout en étant accueillants et confortables. Elle a une jolie voix, elle a des mains de fillette, si vous étiez un artiste, vous aimeriez avoir la chance de faire son portrait en costume de bain, elle a des courbes voluptueuses, et enfin, c'est comme cela que vous l'aimez tellement.

Après avoir ainsi complimenté la personne que vous aimez, allongez mentalement le bras droit et placez l'extrémité de l'index au centre de son front. Prenez trois respirations profondes en imaginant l'énergie qui descend le long de votre bras jusqu'au bout de l'index, dans sa tête. Ensuite, pensez à ce que vous avez préparé à la section A. Imaginez ce à quoi vous vous attendez de cette personne. Imaginez la situation et les circonstances que vous avez prévues. Comme un film, repassez plusieurs fois la situation et les circonstances que vous désirez, ce que vous voulez lui voir faire, et ce que vous préférez lui entendre dire. Terminez l'exercice comme d'habitude. Vous pouvez recommencer cet exercice une fois par semaine.

c) Lorsque vous serez avec cette personne, à un moment opportun, repensez à ce que vous avez préparé. Imaginez-la en train de dire et de faire ce que vous avez prévu. Maintenant attendez-vous, à n'importe quel moment, à voir votre désir se réaliser. En attendant, continuez à imaginer uniquement ce que vous attendez.

CHAPITRE XXVIII

PROMOTION ou AUGMENTATION DE SALAIRE

Avec le chapitre précédent, vous avez déjà commencé à faire du travail mental à distance.

Lorsqu'il s'agit d'influencer un employeur, ou un supérieur, afin d'obtenir une promotion ou une augmentation de salaire, le processus est presque le même. Les seules choses qui changent, ce sont l'identité de la personne à persuader, et ce que vous désirez en obtenir. Alors, les mêmes précautions s'appliquent, ici.

***

Exercices

Votre démarche va se diviser en quatre étapes:

La première dure environ une heure. La deuxième dure une demi-heure et sera répétée une fois par semaine. La troisième s'exécute en quinze minutes et sera répétée trois fois par jour. La quatrième s'exécute en présence du patron.

1° Fixez bien votre but. Imaginons qu'il s'agit d'une augmentation de salaire. Pensez à votre emploi. Imaginez que si vous n'étiez pas là, il devrait y avoir quelqu'un d'autre. Pensez à tout ce que vous faites. Pensez à l'application que vous apportez à votre travail. Pensez à ce que représente ce que vous faites dans l'entreprise. Pensez à tout ce que vous avez appris depuis votre arrivée dans cet emploi. Pensez à l'expérience que vous avez accumulée. Imaginez combien de temps il en coûterait à votre employeur pour entraîner une autre personne. Pensez à votre employeur et essayez de vous mettre dans sa peau. Tout en restant dans la tête de votre employeur, imaginez que vous êtes vraiment là, que vous portez ses vêtements, vous avez la même chevelure, le même visage, la même façon de parler. Imitez-le. Vous êtes le patron et vous pensez à cet employé que vous représentez pour lui. En tant que patron, vous pensez à cet employé en vous disant que, s'il n'était pas là, cet employé, vous seriez obligé de mettre une annonce dans les journaux et dans les agences spécialisées pour en trouver un autre. Peut-être auriez-vous de la difficulté à trouver quelqu'un d'aussi dévoué pour la compagnie. Par les temps qui courent, la loyauté d'un employé est une denrée rare. Les erreurs peuvent coûter cher à la compagnie. Il faudra, ensuite, entraîner ce nouvel employé. Vous ne voyez pas, qui aura le temps de s'en occuper. De toute façon, avant d'en arriver là, il serait peut-être préférable de faire le nécessaire pour conserver l'employé que vous avez déjà, et qui fait parfaitement l'affaire. Et même, peut-être qu'un jour vous pourrez lui confier un autre poste. Mais il n'est pas encore prêt. En attendant, il faut s'arranger pour le garder. Peut-être que cet employé a des besoins qui augmentent. Il aimerait gagner plus d'argent. Peut-être cherche-t-il ailleurs pour voir s'il pourrait obtenir un meilleur salaire. Avant qu'il ne trouve, il est préférable de lui offrir, immédiatement, une augmentation avant de le perdre. Cela permettra d'attendre qu'il ait plus d'expérience, pour le transférer à un poste plus important. Il va falloir lui annoncer cette augmentation. Il sera sûrement très content. Pendant quelques temps, il fera du travail encore meilleur. Alors, vous imaginez que vous téléphonez à cet employé. Vous lui dites de venir à votre bureau. Lorsqu'il est assis devant vous, vous lui faites quelques compliments sur son travail. Vous lui demandez s'il se plaît toujours à travailler pour la compagnie. Vous lui soulignez, une fois de plus, ce que vous attendez de lui. Vous lui demandez s'il aurait des remarques, ou des suggestions à faire, en ce qui concerne son secteur de travail. Et enfin vous lui annoncez qu'à partir du mois prochain, il y aura une augmentation sur son chèque de paye. Ceci dit, vous terminez l'entretien, vous vous levez, vous lui serrez la main et vous le dirigez vers la porte que vous ouvrez. Vous le quittez en lui recommandant de continuer le bon travail qu'il fait.

Maintenant que vous avez joué le rôle du patron, vous entreprenez, immédiatement, la deuxième étape.

2° La première fois, elle se fait aussitôt après la première étape et elle dure une demi-heure. Vous commencez par l'exercice de concentration. Ensuite, imaginez que votre patron est étendu sur le dos, dans son lit, et il dort. Vous êtes debout près de lui et, mentalement, vous commencez à lui parler doucement en lui faisant des compliments. Ils doivent être ceux qui sont mentionnés à la deuxième étape du chapitre précédent, au sujet d'un être cher. Vous continuez en faisant les compliments qu'un patron aimerait que ses employés pensent de lui. C'est-à-dire, il est vraiment courageux, que malgré tous ceux qui l'entourent, enfin de compte, il est très seul à supporter les responsabilités de l'entreprise. Heureusement, il a toujours la présence d'esprit suffisante pour résoudre chaque problème qui arrive à son bureau. Il sait reconnaître l'efficacité et le dévouement de ses employés. Il a un sens de la justice remarquable qu'il démontre avec bonté. Il est un exemple et un modèle pour les autres. Il est un véritable chef qui suscite la confiance et l'admiration de tous.

Maintenant, imaginez que vous allongez le bras et vous placez le bout de l'index sur le centre de son front. Vous prenez trois respirations profondes en imaginant l'énergie qui descend le long de votre bras, dans l'index, dans sa tête. Ensuite, repassez rapidement toutes les images et circonstances que vous avez bâties durant l'étape numéro 1. Le dernier passage doit être repris trois fois. C'est-à-dire, en commençant du moment où vous êtes dans le bureau du patron et qu'il vous annonce, qu'à partir du mois prochain, il y aura une augmentation sur votre chèque de paye.

Cette deuxième étape, nous l'avons vue, doit durer une demi-heure et sera exécutée une fois par semaine.

3° Vous commencez par l'exercice de concentration. Ensuite, vous repassez le dernier passage de la première étape. C'est-à-dire, du moment où vous êtes dans le bureau du patron et qu'il vous annonce qu'à partir du mois prochain, il y aura une augmentation sur votre chèque de paye.

Cet exercice dure quinze minutes et sera fait trois fois par jour.

Ne soyez pas pressé. Attendez. Si dans les trente jours, vous n'avez pas reçu de nouvelles du patron, arrangez-vous pour obtenir un rendez-vous avec lui, sous n'importe quel motif.

4° Donc, vous êtes dans son bureau, que ce soit sur sa demande, ou bien de votre propre initiative. Vous êtes dans son bureau. Vous le fixez sur le front, ou bien vous regardez ailleurs. Imaginez que vous allongez le bras et que vous placez le bout de l'index au centre de son front, entre les sourcils et juste au-dessus. Prenez trois respirations lentes et profondes. Continuez en imaginant le passage où il vous annonce votre augmentation de salaire. Mentalement, votre doigt sur son front, continuez à imaginez cette séquence. Lorsque la rencontre est terminée, vous vous arrangez à vous trouver dans son bureau une autre fois, et vous recommencez. Après avoir eu, ainsi, trois rencontres dans son bureau, s'il n'a pas encore offert l'augmentation, vous pouvez commencer, vous-même, à parler du coût de la vie et de la difficulté qu'il y a pour conserver de bons employés dans votre département. À chacune de vos rencontres, assurez-vous d'inclure, dans vos entretiens, des recommandations simples et qui requièrent l'autorisation du patron. Dans le choix de ces recommandations, assurez-vous qu'elles soient assez simples pour ne pas susciter un refus. Cela pourrait être, simplement, de lui demander un crayon, ou de vous donner l'heure. Ce procédé a pour but de déclancher un mouvement par lequel il accomplit un acte que vous avez demandé.

Si vous faites vos exercices de concentration automatiquement, et si vous avez suivi à la lettre ce qui est mentionné, il vous sera inutile de vous rendre jusque là: vous aurez votre augmentation de salaire bien avant.

Lorsqu'il s'agit d'obtenir une promotion, vous agissez exactement selon le même procédé que le précédent.

CHAPITRE XXIX

LA VENTE
Pour aider un prospect à devenir client

Ce chapitre, comme les deux précédents, consiste à échanger avec une autre personne. Il est donc évident que la procédure sera semblable en bien des points. Seuls l'identité du personnage et l'objet de votre requête seront différents.

* * *

Exercices

Donc, votre travail mental se divise en quatre étapes. La première dure environ une heure. La seconde ne sera que d'une demi-heure, mais répétée une fois par semaine. La troisième prendra quinze minutes, trois fois par jour. La quatrième aura lieu devant votre client.

1° Fixez d'abord votre but avec précision. Imaginez les circonstances exactes au cours desquelles le prospect devient client. Terminez en imaginant le client en train d'utiliser votre produit ou vos services.

Maintenant, pensez à votre produit ou aux services que vous voulez vendre à votre prospect. Il est votre client, mais il ne le sait pas encore. Imaginez chaque détail de ce produit. Pensez à vous et à ce que vous représentez pour ce produit. Grâce à vous, à votre intervention, il sera utilisé par des clients. Votre participation permet à de nombreuses personnes de gagner leur vie. En commençant par la matière première, les ouvriers, les techniciens, les ingénieurs, les financiers, les actionnaires, etc... Grâce à vous, à votre compétence, à votre efficacité, ils pourront continuer à gagner leur vie selon leur mode de participation.

Ensuite, pensez aux avantages que représente ce produit pour le client. Imaginez votre prospect en train de se servir de votre produit. Un par un, vérifiez et analysez chaque détail avantageux du choix de votre produit.

Enfin, imaginez la situation exacte durant laquelle votre prospect devient client.

2° La première fois, cette étape suit immédiatement la précédente. Commencez par l'exercice de concentration. Ensuite, imaginez que votre prospect est étendu sur le dos, dans son lit, il dort. Vous êtes debout près de lui et, mentalement, vous lui faites des compliments. Selon qu'il s'agisse d'un homme ou d'une femme, faites les compliments que vous trouverez au chapitre de L'AMOUR.

Après avoir complimenté votre prospect, allongez mentalement le bras et appliquez le bout de l'index au centre de son front, entre les sourcils et juste au-dessus. Prenez trois respirations profondes en imaginant l'énergie qui descend le long de votre bras, dans l'index, dans sa tête.

Ensuite, repassez ce que vous avez imaginez à la section numéro 1. Revoyez, comme un film, tout ce que vous avez imaginé. Vous répétez ainsi trois fois le paragraphe décrivant les circonstances au cours desquelles votre prospect devient client.

Cette deuxième étape dure une demi-heure et sera recommencée une fois par semaine.

3° Celle-ci dure quinze minutes. Commencez par l'exercice de concentration.

Ensuite, imaginez le deuxième paragraphe de la deuxième étape, c'est-à-dire les circonstances au cours desquelles le prospect devient client.

Cette étape se répète trois fois par jour.

4° Lorsqu'il s'agit d'une vente importante, le nombre de rencontres devrait être de trois. Lors de la première, vous vous présentez et vous faites connaissance. Durant la seconde, vous établissez les besoins du prospect et vous offrez vos services. Au cours de la troisième, votre prospect devient client.

La quatrième étape s'accomplit lors de la dernière rencontre avec le prospect. Durant cette dernière entrevue, pendant que vous parlez l'un après l'autre, placez mentalement votre index sur le front de votre prospect. Imaginez qu'il est déjà votre client: soit la dernière phase des exercices répétés.

Vous devez parler et agir en sachant qu'il est déjà votre client. C'est l'expectative d'une éventualité inévitable. Aucun doute ne se présente à votre esprit. Vous êtes détendu et dégagé en attendant que le prospect ait posé le geste qui fera de lui un client. Durant tout ce temps, vous le considérez comme un client qui a seulement besoin de quelques explications supplémentaires pour comprendre l'usage du produit ou des services que vous offrez.

CONCLUSION
LE SECRET DE VOTRE RÉUSSITE

Avant de vous quitter, je voudrais vous encourager à essayer les formules, les méthodes, les techniques que vous avez lues. Soyez assuré que vous arriverez au but que vous vous êtes fixé lorsque vous aurez observé chacune des douze lois.

Entreprenez les exercices comme un jeu seulement, au début. Dites-vous, simplement, que c'est un document que vous avez lu. Tant que vous n'aurez pas essayé, ce ne sera jamais une réalité, mais seulement des informations apprises dans un livre.

Le véritable secret, c'est que toutes les choses qui vous sont arrivées dans la vie, toutes les circonstances qui se présentent à vous actuellement, sont les effets précis de l'activité de votre esprit, mais subconsciemment.

Les exercices, que vous avez lus, ont démontré, hors de tout doute, que vous pouvez intervenir, d'une façon auto-déterminée et consciente, dans la création de circonstances futures.

Peut-être, par le passé, avez-vous déjà entendu parler de la possibilité de vous servir des pouvoirs illimités de votre subconscient. En découvrant cette notion, une lueur d'espoir s'est éveillée en vous. Vous avez entrevu la possibilité d'améliorer votre condition et de devenir, un peu plus, vous-même.

Votre être, prisonnier dans son corps, dans ses habitudes, dans son environnement inaccepté, s'est senti soulevé d'un enthousiasme nouveau. Ne vous laissez pas succomber dans l'illusion du joueur de chance. La **parapsychanalyse** n'est pas une loterie. Chacun peut gagner. Ces facultés ne sont pas cachées quelque part dans une voûte secrète. Vous les possédez actuellement.

Le devoir de l'homme est de se servir de tous ses talents, sans exception. Aussi longtemps que vous refuserez de vous soumettre, de votre propre chef, à la discipline des exercices, il vous sera inutile de prétendre jouir de la prospérité qui vous est réservée. Si vous avez horreur du mot discipline, remplacez-le par un autre.

La pratique des exercices est aussi simple que de lire ou de marcher. Malheureusement, il est indispensable de les pratiquer pour obtenir des résultats. Même si vous ne croyez pas que ces exercices peuvent, éventuellement, vous amener tout ce que vous désirez: essayez-les quand même. Vous vous le devez à vous-même. Vous avez sans doute des loisirs, des moments libres. Seulement dans un but de distraction, de passe-temps, commencez dès maintenant à faire les exercices. N'ayez pas peur de commettre des erreurs. Vous les corrigerez au fur et à mesure.

Bien sûr, lorsqu'un sportif veut devenir un champion olympique, il se confiera à un moniteur expérimenté. Celui-ci pourra le guider, plus sûrement, dans son développement, dans son perfectionnement vers une performance supérieure.

La **parapsychanalyse** est comme un sport. Vous pouvez la pratiquer en amateur, et ainsi embellir votre vie, à votre mesure.

Il se peut que quelqu'un, parmi vous, ait un appétit plus grand. Il se peut qu'il désire devenir plus perfectionné dans la pratique de la **parapsychanalyse.** Il se place, immédiatement, dans une catégorie différente. Sans le savoir, il fait déjà partie de ce petit nombre d'êtres humains dispersés qui ont compris, qu'avant de conquérir le reste de l'univers, il faut apprendre à jouir de la prospérité, de l'harmonie et de l'amour sur notre petite terre, dans notre village, notre quartier, dans notre maison.

Celui qui a faim va rêver à des montagnes de nourriture, des armées de poulets rôtis, des réserves immenses de boîtes de conserve, à d'énormes steaks juteux. C'est l'absence de nourriture et la faim grandissante qui altèrent son jugement et augmentent démesurément l'évaluation de ses besoins. Il est inutile qu'il dépense toute l'énergie requise pour accumuler cette quantité énorme de nourriture: son corps ne peut digérer qu'un seul repas à la fois. Je suis entièrement d'accord avec vous, quand il s'agit de planifier des réserves pour le futur. Mais, cette planification des buts commence là où apparaissent vos besoins immédiats et réels. En élaborant votre programme de buts successifs, faites un examen conscient de votre situation immédiate. Ne vous laissez pas entraîner par les désirs exagérés que vous suggèrent, subconsciemment, vos besoins artificiels autant que réels. Ces désirs créent, subconsciemment, en vous, l'image d'objectifs exagérés qui, lorsqu'ils seraient réalisés, n'apporteraient certainement pas la satisfaction attendue.

C'est consciemment, et bien éveillé, que doit se faire l'inventaire de vos besoins réels et immédiats. En procédant ainsi, vous vous simplifiez la tâche. Vous obtiendrez satisfaction à vos besoins plus facilement et plus rapidement.

Graduellement, le territoire de ces besoins s'agrandira. Vos besoins personnels immédiats étant satisfaits, ils incluront bientôt les besoins de vos proches. Vous utiliserez, alors, les exercices de **parapsychanalyse** pour satisfaire les besoins d'un petit groupe: votre famille. Lorsque vous aurez atteint ce niveau, vos réussites se multiplieront.

Avant même que vous vous y attendiez, vous assumerez les responsabilités d'un groupe de plus en plus grand: dans le domaine du travail, ou au niveau de votre communauté, de votre quartier, de votre village. Selon vos autres talents et aspirations, vos niveaux de conscience, de responsabilité, de liberté, pourront prendre de l'expansion dans des domaines aussi variés que les affaires, la science, la culture, etc...

Dans la société, vos exercices de **parapsychanalyse** font de vous un être de plus en plus compétent et efficace, donc, de plus en plus indispensable.

Non seulement vous pouvez y parvenir, mais c'est aussi ce qu'attendent de vous, vos proches et ceux qui vous aiment. Ne les décevez pas. Non seulement ont-ils besoin de votre attention et de votre estime, mais ils ont besoin de vous admirer et d'être fiers de vous.

Ce que vous pouvez obtenir par la **parapsychanalyse,** vous pouvez également le procurer aux autres. Vous devenez, alors, utile et indispensable à tous ceux qui vous entourent.

Comme il a déjà été mentionné: «Le plus long voyage commence par le premier pas», et j'ai ajouté: «Tout ce qui existe a commencé par une pensée». Lorsque vous pensez à essayer les exercices, vous vous demandez comment vous allez vous y prendre, par où vous allez débuter, combien de temps cela vous prendra-t-il, etc...

Dites-vous, tout d'abord, que vous allez, immédiatement, introduire une nouvelle habitude dans votre vie. Parmi vos habitudes immuables qui doivent, inévitablement, faire partie de vos horaires quotidiens, figurent les périodes des trois repas et du sommeil. Vous avez également les ablutions, la toilette de chaque matin. Vous avez aussi le brossage des dents. L'habillage et le déshabillage se font au moins, matin et soir. Etc... Vous avez déjà des habitudes quotidiennes, des habitudes hebdomadaires, des habitudes mensuelles. Vous allez ajouter une nouvelle habitude. Arrangez-vous comme vous voulez, mais vous devez trouver le temps pour cette habitude dans votre horaire.

Quinze minutes, trois fois par jour, de préférence avant les repas.

Une heure par semaine, de préférence au début d'une journée de congé.

Deux à trois heures, chaque fois que vous entreprenez un nouvel objectif. Un but devrait vous prendre un maximum de trente jours pour être atteint.

Ayant ainsi inclus cette nouvelle habitude dans votre horaire, assurez-vous des heures précises qui lui reviennent. Elle devra être respectée avec autant, sinon plus, d'exactitude que celle des repas et du sommeil.

J'ai déjà précisé, qu'avant d'entreprendre de travailler vers un but quelqu'il soit, il est nécessaire que vous soyez conditionné aux exercices de **parapsychanalyse.**

Vous pouvez, peut-être, vous conditionner vous-même en suivant les instructions que vous relirez dans le présent document. Il y a des personnes qui peuvent, peut-être, apprendre à nager en relisant les instructions d'un «Manuel Pratique de Natation». Dans la réalité, la plupart des nageurs que je connais se sont entraînés, au début, avec un moniteur. L'entraînement est beaucoup plus rapide et vous permet d'être plus adroit et plus compétent dans l'exécution.

Afin de vous faciliter le conditionnement aux exercices de **parapsychanalyse,** plusieurs formules sont disponibles. Tout d'abord, des soirées, des rencontres d'information vous accordent l'occasion d'obtenir des renseignements plus précis au sujet des questions que vous vous posez. En participant, ainsi, à des démonstrations, vous pourrez vous faire une idée plus réaliste de ce que vous concevez à ce sujet. Également, un entretien personnel vous permettra d'adapter les exercices d'une façon plus individualisée.

L'entraînement peut s'obtenir, en groupe ou individuellement, sous forme de classes intensives: c'est-à-dire, en deux fins de semaines de deux journées complètes, suivies de rencontres hebdomadaires de deux heures chacune. La durée totale de l'entraînement aux exercices de base est en moyenne de quatre semaines.

Si vous demeurez trop loin ou que vous ne pouvez pas, pour une raison quelconque, vous rendre sur le lieu des classes, vous pouvez vous procurer le même entraînement, enregistré sur des cassettes ordinaires. Vous aurez, alors, le mot à mot des exercices, avec l'intonation et le rythme de la voix, de la même façon que si vous étiez sur place.

Vous pouvez ensuite utiliser ce conditionnement de base pour chacun des buts que vous envisagez. À ce niveau, aucun autre entraînement n'est nécessaire pour arriver à vos fins et obtenir ce que vous désirez.

Lorsque vous aurez réalisé plusieurs buts, il se peut alors que s'éveille en vous une vocation. Il se peut que votre talent et votre niveau de responsabilité deviennent disponibles à servir les autres. À ce moment-là, vous pouvez devenir un entraîneur, vous-même. À votre demande, nous pourrons étudier ensemble, la possibilité d'entreprendre votre formation. À votre tour, vous pourrez aider les autres en les entraînant aux exercices de base, et en les guidant vers la réalisation de leurs buts.

> La **parapsychanalyse** est le résultat inévitable des recherches interminables de l'homme dans son évolution. En temps que discipline, comprenant un ensemble de principes, de formules, de méthodes, de techniques et d'exercices, la **parapsychanalyse** est une matière naissante. Elle s'adresse à l'homme de toutes les nations. Le temps qu'elle prendra, pour être disponible à tous, dépendra du nombre d'entraîneurs qui seront prêts à aider les autres. Elle a sa place dans toutes les activités humaines. De l'éducation du bébé jusqu'aux loisirs du retraité, du manoeuvre au chef d'état, chacun peut améliorer sa compétence et son efficacité, embellir sa vie et ses journées successives. Sur toute la surface de la terre, chaque pierre, chaque fleur, chaque oiseau changera de signification. Et tout cela sera le résultat de ce que vous PENSEZ en ce moment, à la seconde précise où vous lisez ce dernier mot. À bientôt.

MESSAGE DE L'AUTEUR

Lorsque votre visage se crispe sous la douleur et que vous vous isolez pour cacher vos difficultés, quand vous riez très fort et que vous vous enivrez pour noyer votre chagrin et votre désespoir, je deviens triste et malheureux. Malgré moi, je souffre déjà de vos souffrances. Il m'est impossible de me sentir bien et de rester heureux, tant que vous subissez ces misères.

Lorsque le sourire éclaire votre visage, quand vous atteignez vos objectifs et que vous répandez votre joie, un baume de bien-être m'envahit et je sais que je suis heureux. J'ai absolument besoin de vous savoir heureux.

En essayant les exercices, si vous rencontrez des difficultés, si vous croyez que vous faites erreur, n'hésitez pas un instant: correspondez immédiatement avec moi. Je vous attends.

BERNARD SIMON NAGY,
   téléphone: (514) 288-3382

Adresse: C.P. 1185, Station «A»
         Montréal. Qué. Canada
         H3C 2Y3

France: c/o Opus
        Ermanna Palace
        27, Bd Albert 1er, Monaco
        Principauté de Monaco.

REMERCIEMENTS

La démonstration de reconnaissance, ici, n'est pas pour moi une simple formule de politesse. L'émotion d'enthousiasme et de gratitude qui me soulève a besoin d'être partagée. C'est avec une grande joie au coeur que je désire vous présenter quelques-uns des êtres merveilleux qui ont permis la naissance de ce document.

Mme Adrienne Gingras. En faisant imprimer le premier tirage de ce livre, elle me démontra la confiance d'une véritable amie.

M. Claude B. Tedguy. Recteur de l'INSTITUT INTERNATIONAL DE PSYCHANALYSE SUPÉRIEURE. Les formules décrites ici ont été mises à la disposition du public grâce à son intervention capitale.

M. Philippe A. Decelles, C.L.U., dont la participation a été vitale dans la matérialisation de ce document.

Mme Arlette Jeandupeux, mon assistante. Sa collaboration inégalable, pendant de si longues années, a été indispensable à cette nouvelle étape dans mes travaux au CENTRE DE RECHERCHE ET ENTRAÎNEMENT PSYCHOLOGIQUE.

Tous ceux qui, à un moment ou un autre, m'ont accordé leur intelligence, leur coeur et leur temps. Ils sont si nombreux.

Et enfin, ma femme Michèle qui, comme seule une épouse sait le faire, m'a soutenu et encouragé dans cette longue entreprise.

L'auteur

TÉMOIGNAGE DE MADAME ADRIENNE GINGRAS, CLAIRVOYANTE.

Dans ce livre, vous avez pu suivre la description des exercices qui sont proposés. En répétant ces exercices régulièrement, vous entraînez une faculté extraordinaire de votre esprit. Avec cette faculté, vous pourrez vous développer et obtenir toutes les choses dont vous avez besoin. L'auteur vous montrera comment réaliser les choses fantastiques dont vous deviendrez capable.

Personnellement, il y a de nombreuses années, je me suis entraînée avec ces exercices. Graduellement, j'ai développé la clairvoyance, avec une boule de cristal, parce que cela m'intéressait. J'ai d'abord aidé des membres de ma famille, et ensuite d'autres personnes. Aujourd'hui, mes services sont sollicités de partout, même à l'étranger, par des personnes qui savent que je peux aussi les aider dans leurs problèmes, grâce à la Magie Mentale du Subconscient.

C'est pour cela que j'ai pris la responsabilité d'éditer le premier tirage de ce livre, pour permettre à d'autres d'en profiter. Je demeure à la disposition de tous ceux qui voudraient profiter des facultés développées grâce à ces exercices.

Montréal, le 14 février 1985

Adrienne Gingras (514-691 4809)
2, rue Fournier
Châteaugay Centre
Québec,
J6K-2T6

TABLE DES MATIÈRES

Préface.. 9
Introduction... 13

Première partie: **L'énergie**............................... 27
Chapitre   I: La minute de vérité..................... 29
Chapitre   II: L'énergie et la vie........................ 41
Chapitre   III: La loi de la gravité universelle.......... 45
Chapitre   IV: Manifestations différentes de l'énergie 47
Chapitre   V: L'énergie du subconscient............... 49
Chapitre   VI: Le réflexe conditionné................... 53
Chapitre   VII: L'aura.. 57
Chapitre   VIII: Contrôle de l'esprit sur la matière...... 63
Chapitre   IX: Contrôle de l'esprit sur le futur......... 69

Deuxième partie: **Les lois de la réalisation**.............. 83
Chapitre   X: La concentration........................... 85
Chapitre   XI: L'imagination............................... 93
Chapitre   XII: Les exercices............................... 103
Chapitre   XIII: La répétition............................... 107
Chapitre   XIV: La possibilité.............................. 111
Chapitre   XV: La mesure................................... 117
Chapitre   XVI: La dualité................................... 121
Chapitre   XVII: La résonance............................. 127
Chapitre   XVIII: Le tableau................................ 131
Chapitre   XIX: Les émotions.............................. 137
Chapitre   XX: L'expectative............................... 143
Chapitre   XXI: Le délai..................................... 151

Troisième partie: **Exemples d'applications pratiques**..... 155
Chapitre   XXII: L'élève et l'étudiant.................... 157
Chapitre   XXIII: Le sportif................................. 161

Chapitre	XXIV: L'obésité	165
Chapitre	XXV: L'arthrite	175
Chapitre	XXVI: Le fumeur	179
Chapitre	XXVII: L'amour	187
Chapitre	XXVIII: Promotion	197
Chapitre	XXIX: La vente	203

Conclusion: Le secret de votre réussite 207
Message de l'auteur 215
Remerciements 217
Témoignage de Madame Adrienne Gingras 219

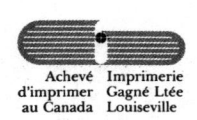

Achevé d'imprimer au Canada Imprimerie Gagné Ltée Louiseville